처음 일본어

Basic Japanese

김원호 지음

UUP

처음 일본어

- 2014년 03월 19일 **초판 인쇄**
- 2014년 03월 26일 **초판 발행**
- **지은이** 김원호
- **펴낸이** 이철
- **펴낸곳** UUP. (울산대학교출판부) 680-749 울산광역시 남구 대학로 93(무거동) 울산대학교출판부
- 전화 (052)259-2488 팩스 (052)277-3011 ▪ **홈페이지** http://uup.ulsan.ac.kr
- **출판등록** 제370-1996-000001호(1996.3.13)
- ₩ 8,000

ISBN 978.89.7868.339.5 (93730)

머리말

이 교재의 해설은, 본 과목의 교재에 있는 중요한 내용을 최대한 요약한 것이다. 강의의 키포인트를 잘 알 수 있어서 매우 이해하기 쉽다. 특징은, 알기 쉽게 요약 설명이 되어있다. 특히 각 과 마다 다루고 있는 중요한 용법을 가능한 한 시각적으로 (선 또는 도형으로) 표시하여 더욱 이해되기 쉽도록 노력했다.

본 교재는, 일본어를 처음 대하는 기초학습자에게 사용하는 교재로 듣기, 말하기, 읽기, 쓰기의 학습을 동시에 행하는 과정에 사용되는 종합적인 학습의 성격을 띤 교재이다. 일본어 학습자로서는 반드시 수강하여야 할 중요한 과목이라 할 수 있다. 52시간 강의에 사용된다.

일본어를 처음 대하는 학습자는, 본 과목 이외 회화, 문법 등을 학습하는데, 그 중 가장 기본적이고 핵심적인 과목이라 할 수 있다.

본 과목을 배우는 사람은, 무엇보다 학습동기 및 목적의식이 분명한 자세에서 임하는 것이 바람직스럽다.

본 과목의 강의 방법은, 먼저 네이티브의 녹음테이프 또는 교수의 발음을 듣고 따라 읽는다. 학습자의 수강 흥미를 유발하기 위하여 많은 용례를 들고 깨끗하게 판서하여 어휘 · 어구 · 문법 · 문형 등을 `알기 쉽고 재미있게` 설명하도록 한다. 다음에는 정확하게 본문을 해석하고, 그 후 본 강의의 내용에 대한 질문을 받고 알기 쉽게 설명하도록 한다.

본 교재에는 수정이 필요한 부분도 있을 수 있다. 앞으로 완전본 完全本 이 되도록 점차 보완해 나가기로 한다.

여러분의 건투를 빈다.

2013. 12. 20

처음 눈 오는 날

저 자

일러두기

* 본서는, 4가지로 나누어져 있다. 매 과를 「본문」「요약해설」「Cafe」로 구성하였다. 그리고 마지막에는 「부록」을 첨부하여 학습에 도움을 주었다.

Ⅰ. **「본문」** : 본문의 내용은, 가능한 한 실생활의 표현을 제시하였다. 본문 속의 밑줄 친 부분은 그 과의 핵심용법임으로 매우 중요하다. <요약해설>을 최대한 참고 바란다.

Ⅱ. **「요약해설」** : 공부하기 쉽게 본문의 중요 순서대로 해설해 두었다. 해당 용법에 대하여 최대한 요약 정리하였으며, <선>과 <도형>을 사용하여 학습에 최대한도움을 주도록 하였다.

Ⅲ. **「Cafe」** : 「Cafe」란을 만들어 일본 등에 관련한, 여러 가지 흥미 있는 이야기를 에세이식으로 설명해 두었다.

Ⅳ. **「부록」** : 마지막에 「부록」란을 실어 두었다. <기본 일본어 학습>에 매우 유용한 자료임으로 반드시 이해하기 바란다.

Ⅴ. **「본 교재의 <약어>」** : 본서에서 사용되는 일본어의 <품사>와 <활용형의 명칭>은, 편의상 다음과 같이 <약어>로 표시하기로 한다.

본 교재의 약어

* 본 교재의 「품사」와 「활용형」은 편의상 다음과 같이 **<약어>**로 대신하기로 한다.

가. **품사의 <약어>**

N : 명사

V : 동사

5단 ⇒ 5단활용동사

上1 ⇒ 上1단활용동사

下1 ⇒ 下1단활용동사

くる ⇒ か행변격동사

する ⇒ さ행변격동사

自v ⇒ 자동사

他v ⇒ 타동사

A : 형용사 (일명 い형용사)

Av : 形容動詞 (일명 な형용사)

助v : 조동사

나. **활용형의 <약어>**

* 活 : 활용어(活用語, V · A · Av · 助v를 말함)

基 : 기본형(基本形)

未 : 미연형(未然形)

用 : 연용형(連用形)

終 : 종지형(終止形)

体 : 연체형(連体形)

仮 : 가정형(仮定形)

命 : 명령형(命令形)

* V의 연체형 · 종지형은 기본형과 모양이 같다

* A의 연체형 · 종지형도 〃 〃

* Av의 연체형은 「な」이며, 종지형은 기본형과 같다

목차

1課　わたしは　韓国人です。

みなさん、おはようございます。

わたしは　韓国人です。

韓国大学の　一年生です。

山田さんは、何年生ですか。

日本大学の　一年生です。

田中さんは、二年生ですか。

いいえ、二年生では　ありません。

山田さんと　同じ　一年生です。

チンさんは、中国大学の　二年生ですか。

いいえ、あの　ひとは　二年生では　ありません。一年生です。

ああ、そうですか。

ジョンさんは、アメリカ大学の　学生ですか。

いいえ、そうじゃ ありません。アメリカ会社の 研究員です。
あの ひとは、コンピューターの 専門家です。

みなさん、それでは、また あした。さようなら。

요약 해설

❶ 인사 (あいさつ)

おはようございます。	아침인사
こんにちは。	점심인사 (「は」는 「wa」로 읽음)
こんばんは。	저녁인사
おやすみなさい。	안녕히 주무세요

❷ 〈발음공부〉는, 매과마다 한 가지씩 익히도록 하자. 모든 발음연습을 집중적으로 하면 싫증이 날 뿐만 아니라 재미가 나지 않는다. 이 과에서는 탁음・반탁음만을 설명한다.

탁음(濁音, 有声音)과 반탁음(半濁音)의 연습 ⇒ "일본어 글자쓰기와 한마디 일본어"를 보라.

が	ざ	だ	ば	ぱ
ぎ	じ	ぢ	び	ぴ
ぐ	ず	づ	ぶ	ぷ
げ	ぜ	で	べ	ぺ
ご	ぞ	ど	ぼ	ぽ

❸ 인칭대명사 (人称代名詞)

말하는 사람인 「나」쪽을 1인칭, 말을 듣는 상대방 「당신」쪽을

2인칭, 그리고 그 이외의 「제3자」의 쪽을 모두 3인칭이라 한다. 영어를 공부할 때의 기분으로 공부하면 된다. 이를 구별하여 나타내는 대명사를 인칭대명사라 한다. 〔이와 같이 영어와 같은 용어를 쓰지만, 자칭(自称) 대칭(対称) 타칭(他称) 부정칭(不定称)이라는 용어도 자주 사용한다〕

인칭 \ 분류	경칭(敬称)	상칭(常称)
1인칭(自称)	わた(く)し (저)	ぼく (나) おれ (나)
2인칭(対称)	あなた (당신)	きみ (너) おまえ (자네)
3인칭(他称)	このかた (이 분) そのかた (그 분) あのかた (저 분)	このひと (이 사람) そのひと (그 사람) あのひと (저 사람) * 彼 (かれ, 그, he) * 彼女(かのじょ, 그녀, she)
부정칭(不定称)	どのかた (어느 분) どなた (누구, who)	どのひと(어느 사람) だれ (누구, who)

❹ **부조사** 「は」 : 이 때 조사 「は」는 [wa]로 발음한다. 「는」 「은」으로 해석하며, 주체를 내세움으로써 강조한다.

⇒ A : これは ソウルの 地図(ちず)ですね。(이것은 서울지도이네요)

B : はい、そうです。(네, 그렇습니다)

❺ **조사** 「の」(NのN의 경우)

1) 소유 · 소속 : ~의 ⇒ わたしの 本(ほん) : 나의 책

2) 내용적인 관련 : ～에 관한

⇒ 料理(りょうり)の 本 : 요리에 관한 책

3) 동격 : ～인, ～라는

⇒ 社長(しゃちょう)の 山田さん : 사장인 야마다씨

4) 속성 · 재료 : ～로 된

⇒ アスファルトの 道(みち) : 아스팔트(로 된) 길

5) 동작의 주체 : ～이(가)

⇒ 背(せ)の 高(たか)い弟(おとうと) : 키가 큰 남동생

즉, 우리말에서 「의」의 의미인 조사 「の」는, 일본어에서는 좀처럼 생략되지 않는다. 일본어작문을 할 때 주의해야 한다! 반대로 일본어의 「の」조사를 한국어로 옮기면 「의」로 해석되는 경우가 50% 정도가 된다.

⇒ 내일의 희망 → 明日(あした)の 希望(きぼう)。

今日(きょう)の 授業(じゅぎょう)は ない。 → 오늘 수업은 없다.

❻ 助v「です」

N
A의 終
Av의 어간
V (×)

+ です。 **(～ㅂ니다, 공손,** 断定 **助v)**

「です」는 「～입니다」의 의미로 「だ」의 공손한 말이다. 즉, 정중하게 단정(断定)하는 助v이다. N, A, Av 등에 접속되지만 V에

는 접속되지 않는 점이 특이하다.

❼ 사실의 일치(一致)와 불일치(不一致)

N は N です = N은 N입니다 (N≠N)

N + では ありません = N이(가) 아닙니다 (부정)
(= じゃ)

「~ですか」는 질문할 때 사용되고, 「~では ありません」은 「사실의 불일치」를 나타내는 부정(否定)의 표현이다. 「では」는 회화체로 「じゃ」로 축약되어 읽힌다.

⇒ ここは 図書館(としょかん)です。(여기는 도서관입니다.)
あそこは 駅(えき)です。(저곳은 역입니다.)

⇒ あの女(おんな)の方(かた)は 先生ですか。
(저 여자 분은 선생님입니까?)
いいえ、あの方は 先生じゃありません。
(아니오, 저분은 선생님이 아닙니다.)

❽ N と 同(おな)じ N = N와 같은 N

⇒ あなたの ゆびわと 同じ ゆびわ。
(당신의 반지와 같은 반지)

⑨ 지시(指示)를 나타내는 말 <u>〈こそあど의 말〉</u>

「こ, そ, あ, ど」로 시작되는 지시어는 한국어의 '이, 그, 저, 어느'에 해당한다. <u><こそあど의 말></u>이라고도 한다.

위치 분류	こ(近称)	そ(中称)	あ(遠称)	ど(不定称)
지시 (指示)	この (이)	その (그)	あの (저)	どの (어느)
사물 (事物)	これ (이것)	それ (그것)	あれ (저것)	どれ (어느 것)
장소 (場所)	ここ (여기)	そこ (거기)	あそこ (저기)	どこ (어디)
방향 (方向) 상태 (状態) 〃	こちら (이쪽) こう (이렇게) こんな (이런)	そちら (그쪽) そう (그렇게) そんな (그렇게)	あちら (저쪽) ああ (저렇게) あんな (저렇게)	どちら (어느 쪽) どう (어떻게) どんな (어떤)
사람	このひと (이 사람) このかた (이 분)	そのひと (그 사람) そのかた (그 분)	あのひと (저 사람) あのかた (저분)	どのひと (누구) どのかた (어느 분)

Cafe - 1

※ 잇쇼켄메이 간바리마스

이승엽 선수가 일본 프로야구 시절 기자회견 때 자주 썼던 말이 있다. "잇쇼켄메이 간바리마스(一生懸命頑張ります)". '열심히 노력하겠습니다'라는 뜻이다. '잇쇼켄메이(一生懸命)'라는 말은, 일본 봉건시대 때 무사가 조상의 땅을 목숨 걸고 지켜나가겠다는 다짐에서 유래된 말이다. 이 표현은 지금까지도 어떤 일을 할 때, 생명을 걸 정도로 맡은 바 일에 최선을 다한다는 뜻으로 쓰이고 있다. 새해를 맞이하여 어느 누구라도 각오가 새롭겠지만 이런 '잇쇼켄메이'의 마음가짐으로 세상을 살아가면 어떨까?

2課　これは スマート フォンです。

(秋葉原の 電気商店街)

これは 日本せいですか。

いいえ、ちがいます。これは 韓国せいです。

えっ、ほんとうですか。

はい、そうです。

さいきんの スマート フォンです。

それは 日本せいで、最新 デザインの スマート フォンです。

ああ、そうですか。

あれは、何ですか。

あれは、ロボット 掃除機です。

かわいいですね。

たいへん 便利な ものです。

そうですね。

すみません。

あの、最新 モデルの タブレット PCは、どれですか。

これです。

ああ、そうですか。

かんたんですよ。タッチ式ですね。

どうも、ありがとうございました。

요약 해설

❶ 한자「電」:「でん」으로 읽어야 된다. 주의를 해야 되며 예를 들면,「電信(でんしん)」「電気(でんき)」「電話(でんわ)」「電灯(でんとう)」등을 들 수 있다.

⇒ あのう、この電車は 後楽園(こうらくえん)へ 行きますか。
(저, 이 전철는 고락엔으로 갑니까?)
いろいろ 調(しら)べて、また 電話するよ。
(이것저것 알아보고, 다시 전화할게.)

❷ 한자의 음독(音読)과 훈독(訓読)

음독이란 중국의 한자 원음(原音)이 한국音으로 쓰였고, 그것이 일본에 전파되어 음독으로 읽혔다. 그것에 비해, 훈독은 전혀 다르게 읽기를 한다. 그래서 한, 일, 중 3개 국어에서 음독은 서로 발음이 비슷하게 들린다. 그래서 한국 사람은 일본어를 배우기 쉽다.

⇒ 운동 : 運動(うんどう)　　잡지 : 雑誌(ざっし)

❸ 〈こそあど〉의 말 : 사물을 지시

これ(이것), それ(그것), あれ(저것), どれ(어느 것)

❹ N で、 N です。(N이고 N입니다)

「Nで、」는 「であり、」를 줄인 말이다. 「であり」는 「である」의 활용형이다. 특히 「で、」를 중지형 (中止形, だ의 연용형)이라고 한다.

⇒ ここは図書館で、そこは本屋です。
(여기는 도서관이고 거기는 책방입니다.)

❺ 의문사 「何」 : 「何」는 「なに」로 읽는다. 경우에 따라 「なん」으로 읽고 쓰기도 한다. 뒤에 오는 발음이 「で」 「と」 「の」등일 경우에 그렇다. [일종의 음편(音便)현상]

⇒ 何(なん)ですか。(무엇입니까?)
何(なん)と いいますか。(뭐라 합니까?)
何(なん)の 先生ですか。(무슨 선생님입니까?)

❻ 종조사 「～ね」

1) 가벼운 영탄 · 감동 (～구나, ～군요)

⇒ おもしろいね。(재미있구나) すごいですね。(대단하네요)

2) 가벼운 주장이나 다짐의 기분 [～겠지(요)]

⇒ そうだね。(그렇지 응) わかったね。(알겠지)

3) 말의 연결어로 첨가 (~말이야)

⇒ 実(じつ)はね。(실은 말이야)

⇒ それはね。父(ちち)の車だね。

(그건 말이야. 아버지 차야.)

❼ Av (형용동사)의 연체형(連体形) : ~ な + N

⇒ きれいだ → きれいな顔。(예쁜 얼굴)

便利だ → 便利なかばん。(편리한 가방)

Cafe - 2

※ 히나마츠리(雛祭り、ひなまつり)

매년 3월 3일 여자아이의 탄생과 행복을 기원하는 축제다. 이것은 몸에 생긴 상처나 재앙을 인형으로 옮겨서 강물에 흘려보내기 위해 삼월 삼짇날 액막이 행사를 말한다. 이 날이 가까워지면 여자아이의 집에는 히나단(雛壇、ひなだん)에 아름답게 장식한 히나인형과 히나과자, 떡, 복숭아 등을 올린다. 적게는 2단에서 8단의 히나단을 장식한다. 보통 최상단에는 천황과 황후, 그다음 궁녀와 음악연주가, 궁정대신, 가재도구, 우마차 인형 등 순으로 배치한다.

3課　ここに りんごが あります。

ここは くだもの屋です。

この くだものやに なにが ありますか。
いろいろな くだものが あります。
たとえば、りんごや すいかや ぶどうなどが あります。

それでは、ここに たまねぎや じゃがいもや にんにくなども ありますか。
それは ありません。

肉と 魚 なども ありますか。
それも ありません。

果物やの となりは 何ですか。
くすり屋です。
その 右は 何ですか。

ほん屋です。

その　左は　何ですか。

ぶんぼうぐ屋です。

あの、その　後ろに　なにか　ありますか。

なにが　あるか　わかりません。

요약 해설

❶ "있다" 용법 (존재)

┌ いる : **사람, 동물 (즉, 그 자체가 동작성이 있는 경우, 생물)**
└ ある : **사람, 동물 <u>이외</u>**
　[**즉, 그 자체가 동작성(動作性)이 없는 경우, 무생물**]

※ <u>**V의 연용형(連用形) + ます**</u>

⇒ ある **(5단)**[1] + ます → あります
⇒ いる **(上1)** + ます → います

⇒ ここに 花瓶(かびん)が <u>あります</u>。(여기에 꽃병이 있습니다.)
　そこに ざっしが <u>あります</u>。(거기에 잡지가 있습니다.)
⇒ 他(ほか)に 誰か <u>いますか</u>。(다른 누군가 있습니까?)
　先生が <u>います</u>。(선생님이 있습니다.)

* 이때의 「연용형」을, 「ます형」이라고도 한다 (딱딱한 문법적 용어를 피하기 위함)

❷ 「ます」와 「です」의 용법은, 다음과 같이 분명히 다르다.

┌ (**V의 用**) + ます [**~ㅂ니다, 공손**]
└ (**N, A, Av 등**) + です [**~ㅂ니다, 공손**]
　⇒ ある＋ます⇒あります　いる＋ます⇒います

1) 「7과」에서 동사(V)의 용법을 자세히 해설함.

⇒ 銀座(ぎんざ)へ 行(い)く バスは 何番(なんばん)ですか。
(긴자로 가는 버스는 몇 번입니까?)

❸ <こそあど>의 말 (장소표현)

ここ(여기), そこ(거기), あそこ(저기), どこ(어디) (*「あそこ」는「あこ」라고 하지 않음)

⇒ そこに なにが ありますか。(거기에 무엇이 있습니까?)
ここに たばこが あります。(여기에 담배가 있습니다.)
あそこには なにが ありますか。(저기에는 무엇이 있습니까?)
あそこには なにも ありません。(저기에는 아무것도 없습니다.)

❹ 조사「が」「に」「も」

1)「が」: 주체 (~가/이)
⇒ かばんには 何が ありますか。(가방에는 무엇이 있습니까?)
2)「に」: 장소 (~에)
⇒ つくえの うえに あります。(책상 위에 있습니다.)
3)「も」: 강조 (~도)
⇒ 水(みず)も 飲まない。(물도 안 마신다.)

❺ ~ 屋(や) : ~가게

⇒ ほん屋(책방), たばこ屋(담배가게)

❻ 조사「と」「や」[나열(羅列)]

┌「~と 」: **등위접속(~와)**

⇒ ~と ~が ある (~와 ~이 있다)

~と ~と ~(と)が ある (~와 ~와 ~이 있다)

└「~や」: **나열(~ 랑, ~이나)**

⇒~や ~が ある。(~나 ~이 있다)

~や ~や ~などが ある。(~랑 ~랑 ~등이 있다)

cf) a と b : ab 두 개만 있음 ⇔ a や b : ab 이외에도 있음

⇒ そこには なにが ありますか。

(거기에는 무엇이 있습니까?)

ここには しんぶんと ざっしが あります。

(여기에는 신문과 잡지가 있습니다.)

⇒ テーブルの うえには なにが ありますか。

(테이블 위에는 무엇이 있습니까?)

なしや りんごや みかんなどが あります。

(배랑 사과랑 귤 등이 있습니다.)

❼ '위치(位置)'를 나타내는 말 -- 명사(N)이므로 NのN의 형을 반드시 취한다.

⇒ あそこを 右に曲(ま)がって 100メートルほど まっすぐ 行ってください。左側にあります。

(저곳을 오른쪽으로 돌아서 100미터정도 똑바로 가주세요. 좌측에 있습니다.)

⇒ 郵便局は、コンビニの隣に ありますよ。

(우체국은 편의점의 옆에 있어요.)

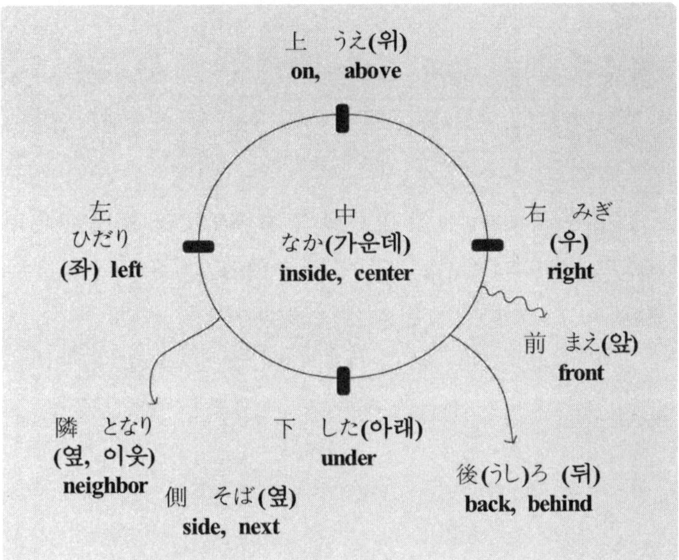

❽ 부조사「〜か〜」:「〜인지, 〜인가」(불확실) [앞뒤에 말이 존재함]

「의문사 + か」: どなたか (누구신가), だれか (누군가), なにか (뭔가), いつか (언젠가)

⇒ どなたか いますか。(누구신가 있습니까?)

だれか いますか。(누군가 있습니까?)

なにか ありますか。(뭔가 있습니까?)

いつかは 行きたいと思(おも)います。(언젠가는 가고 싶어요.)

cf) 「～か どうか」의 꼴로 「～인지 어떤지」

⇒ 彼はくるかどうかわかりません。(그는 올지 어떨지 모르겠습니다)

cf) 종조사 「～か。」와 전혀 다르다. (～인가?, 질문)

⇒ ここは東京(とうきょう)タワーですか。(여기는 도쿄타워 입니까?)

cf) 「何が」와 「何か」의 구별 : 조사의 차이임을 분명히 알자.

⇒ なにが ありますか。(무엇이 있습니까?)

なにか ありますか。(뭔가 있습니까?)

Cafe - 3

※ 나츠메 소오세키

한국에서는 고양이를 영물이라 하여 기피하는 경향이 있지만, 일본에서는 좋은 동물로 여겨 고양이와 공동체 울타리 속에 사는 경우가 많다. 그래서 일본문학을 보면, 고양이와 관련된 이야기가 자주 등장한다. 일본의 만 원권 지폐에는 일본문학의 셰익스피어로까지 추앙받는 소설가 나츠메 소오세키(夏目漱石,1867~1916)의 얼굴이 인쇄되어 있다. 1905년 아사히신문에 발표한 그의 처녀작 '나는 고양이로소이다(吾輩は猫である)'라는 작품이 있다. 중학교 영어교사이던 그가 이 작품으로 일약 문단에서 대스타로 발돋움한다. 첫머리를 펼쳐보면 "나는 고양이다. 이름은 아직 없다. 어디서 태어났는지 도무지 알 수 없다"로 유니크하게 시작되는 문학작품이다.

4課　デパートに　人が　おおぜい　いますね。

ここは　デパートです。

こちらは　本館で、そちらは　駐車場です。

人が　おおぜい　いますね。

男の　子と　女の　子が　おおぜい　います。

そうですね。きょうは　子供の　日です。

それで、こどもが　いっぱい　いますね。

こちらは、けしょうひんの　売り場ですか。

はい、そうです。

女の　人が　おおぜい　いますね。

スポーツの　ようひんは　どちらですか。

上の　フロアです。

男の　ひとが　おおぜい　いますね。

たいてい　大人の　男性です。

わかい　人は　いませんね。

はい、そうです。

それは　ざんねんです。

台所の　ようひんは　どちらに　ありますか。

下の　フロアに　あります。

キッチンの　ようひんが　たくさん　ありますね。

一番　上の　フロアは　なにが　ありますか。

いろいろな　食堂が　あります。

ああ、そうですか。

外国人が　いつも　おおぜい　います。

요약 해설

❶ <こそあど>の 말 (방향)

こちら(이 쪽 = こっち), そちら(그 쪽 = そっち), あちら(저 쪽 = あっち), どちら(어느 쪽 = どっち)

⇒ コーヒーと ジュースと どちらがいいですか。
(커피와 주스 중 어느 쪽이 좋습니까?)
私は ジュースに します。(저는 주스로 하겠습니다.)

❷ N で, N です。(N이고 N입니다) [2과의 4번 기출]

「Nで、」는 「であり、」를 줄인 말임. 「であり」는 「である」의 활용형이다. 특히 「で、」를 中止形, 中止法(だ의 연용형)이라고 한다.

⇒ 部屋(へや)は 全部(ぜんぶ) 和室(わしつ)ですか。
(방은 전부 일본식 방입니까?)
いいえ、新館(しんかん)の部屋は 洋室(ようしつ)で、旧館(きゅうかん)の部屋は 和室です。
(아니오, 신관의 방은 서양식 방이고, 구관의 방은 일본식 방입니다.)

❸ 部屋(へや, **방**)와 台所(だいどころ, **부엌**) : 유명한 인테리어 잡지 『美(うつく)しい部屋』가 있다.

❹「男(おとこ)」「女(おんな)」는, 「남자」「여자」로 해석하지만, 「여기에 남자가 있습니다」를 작문하면 「ここに 男の人が います」로 해야 한다. 「ここに 男が います」는 오용표현임(격이 낮음). 「男」「女」는, 남녀 성을 구별할 때 사용한다.

⇒ 雛祭(ひなまつ)りというのは、なんですか。

(히나마츠리 라고 하는 것은, 무엇입니까?)

3月3日(みっか)に、女の子のすこやかな成長(せいちょう)を願(ねが)って、お雛(ひな)さまを飾(かざ)る行事(ぎょうじ)です。

(3월3일에, 여자아이의 건강한 성장을 기원하고, 히나인형을 장식하는 행사입니다.)

❺ 부사 「おおぜい」와 「たくさん」

「おおぜい(大勢)」는 사람의 수가 많은 것을 말할 때 사용하며, 동물이나 물건이 많을 때는 「たくさん」을 사용한다.

5課　みかんが　いくつ　ありますか。

果物やに　みかんが　たくさん　あります。

みかんは　いくつ　ありますか。
それでは　数えます。
いち、に、さん、し、ご、ろく、しち、はち、きゅう、じゅう、じゅういち、じゅうに、じゅうさん。
じゅうさん　ありますね。

それでは、すいかは　いくつ　ありますか。
じゃ、数えます。
ひとつ、ふたつ、みっつ、よっつ、いつつ、むっつ、ななつ、やっつ、ここのつ、とお。
とお　あります。

ここは、小学校です。
男の子は　なんにんで、女の子は　なんにんですか。
それでは　数えます。

ひとり、ふたり、さんにん、よにん、ごにん、ろくにん、しちにん、はちにん、くにん、じゅうにん、じゅういちにん、じゅうににん、じゅうさんにん、じゅうよにん、じゅうごにん、じゅうろくにん
ぜんぶで 16人です。男の子も 8人で、女の子も 8人です。

生徒たちは、小学校の一年生ですか。
はい、一階の フロアには 一年生 しか いません。

요약 해설

❶ 수(数) 읽는 방법 (다음 세 가지 방법이 있다)

(1) 한자(漢字)에서 온 말 '漢語N'을 사용.

一	二	三	四(よ, よん)	五	六	七(なな)
いち	に	さん	し	ご	ろく	しち

八	九(く)	十
はち	きゅう	じゅう

百	千	万	億	兆
ひゃく	せん	まん	おく	ちょう

(※ 한자 「憶」이 아니고 「億」임을 주의!)

(2) 일본어 고유의 수사 '和語N'를 사용.

一つ	二つ	三つ	五つ	五つ	六つ	七つ
ひとつ	ふたつ	みっつ	よっつ	いつつ	むっつ	ななつ

八つ	九つ	十
やっつ	ここのつ	とお

十一	十二	
じゅういち	じゅうに	등

(※ 「十(とお)」이상의 수는, 위의 (1)의 방법을 사용한다.)

(3) 조수사(助数詞)를 사용

① 枚(まい) : ～매, ～장 : いちまい、にまい、さんまい、よんまい、ごまい、ろくまい ….

② 冊(さつ) : ～권 : いっさつ、にさつ、さんさつ、よんさつ、ごさつ、ろくさつ ….

③ 人(にん) : ～명, ～사람 : 一人(ひとり)、二人(ふたり)、三人(さんにん)、四人(よにん)、五人(ごにん) ….

cf) 四人(よにん)、四年(よねん)、四時(よじ)

④ 本(ほん、ぼん、ぽん) : ～자루
<u>(1, 6, 8, 10은 「ぽん」으로, 3은 「ぼん」으로 읽을 것)</u>

一(いっ)ぽん, 二(に)ほん, 三(さん)ぼん, 四(よん)ほん, 五(ご)ほん, 六(ろっ)ぽん, 七(なな)ほん, 八(はっ)ぽん, 九(きゅう)ほん, 十(じゅっ)ぽん, 何本(なんぼん)

⑤ 匹(ひき) : ～마리(작은 동물) → 「本」과 동일 방법

❷ Ⓝで : (격조사) ～해서(상태) [6과의 3번에서 설명함]

⇒ ぜんぶ<u>で</u> いくらですか。
(전부해서 얼마입니까?)

❸ 生徒(せいと)와 学生(がくせい)

「生徒」는 대체로 고교생까지를 말하며,「学生」은 모든 학생을 대상으로 하는 넓은 의미의 표현이다.

❹ 복수 접미어 (「たち」「ら」「がた」)

⇒わたしたち、われら(우리들)、これら(이것들)、あなたがた(여러분들)、先生がた(선생님분들)

cf) 友達 [ともだち, 탁음주의, 단수·복수 겸용(친구 · 친구들)]

❺ 「学校(がっこう)」의 종류

幼稚園(ようちえん), 小学校(しょうがっこう), 中学校(ちゅうがっこう), 高校〔こうこう, 高等学校(こうとうがっこう)〕, 大学(だいがく), 大学院(だいがくいん)

❻ 「조사」「しか」: (부조사) 밖에, 한정, 뒤에 부정 동반

⇒ すこし しか ありません。(조금밖에 없습니다)

Cafe - 4

※ 일본의 디즈니랜드

동경 중심지에서 동북쪽으로 20분 정도 전철을 타고 가면 디즈니랜드(ディズニーランド) 라는 레저 타운이 나온다. 미국의 디즈니랜드를 흉내 내어 만든 일본풍의 테마 파크다. 그 안에는 군데군데 많은 휴식 공간이 있고 벤치도 여기저기에 놓여 있어 관광객들은 즐겁고 편안하게 보낼 수 있다. 눈에 들어오는 것은 역시 깨끗함이다. 길바닥에 휴지나 과자 부스러기가 떨어져 있기만 하면 관리원이 쏜살같이 달려와 휴대용 집게로 주워 쓰레기통에 담는다.

6課　ばらの 花は いっぽん いくらですか。

ここは 花屋です。

ここに きれいな 花が たくさん ありますね。

この ばらは、赤くて うつくしいです。

あの 白いのと きいろいのを 二本ずつ ください。

ありがとうございます。こちらです。

四本で いくらですか。

四百円です。

あれは 何の 花ですか。

チューリップです。

桃色の 三本と 黒いの 五本 ください。

ありがとうございます。

いくらですか。

全部で 千六百円です。

あの　らんは　高いですよね。

はい、そうです。

一本で　どの　くらいですか。

一本で　千円　ぐらいです。

ほんとうに　高いですね。

요약 해설

❶ 형용사(A)의 연용형 + 접속조사 「て」(~고, ~서)

A의 어미(語尾) 「い」를 「く」로 바꾸고 접속조사「て」를 붙인다. (형용사 설명은 부록의 <별지-3> 참조)

⇒ あかい (빨갛다) → あかくて (빨갛고, 빨개서)

❷ 형용동사(Av)의 연체형(連体形) → 「~な」(2과의 6번 기출, 형용동사 설명은 <별지-4>를 참조)

⇒ きれいだ → きれいな、 しずかだ → しずかな

⇒ 公園(こうえん)は しずかな ところです。

(공원은 조용한 곳입니다.)

❸ Ⓝ + で

1) 장소 (~에서)

⇒ 運動場で サッカーを している。

(운동장에서 축구를 하고 있다.)

2) 수단, 재료 (~로)

⇒ 電車(でんしゃ)で 行く。(전철로 가다.)

筆(ふで)で 書く。(붓으로 쓰다.)

しょうゆは 豆で 作(つく)ります。

(간장은 콩으로 만듭니다.)

3) 원인, 이유 (～로)

⇒ 病気で 欠席(けっせき)しました。

(병으로 결석했습니다.)

4) 수치, 수량 (～에)

⇒ ばら二本(にほん)で いくらですか。

(장미 두 송이에 얼마입니까?)

三時間(さんじかん)で 作った。

(세 시간에 만들었다.)

5) 상태 (～로 해서)

⇒ みんなで 何人いますか。

(모두해서 몇 사람 있습니까?)

❹「の」: 명사(체언)를 대신해서 사용함. [～것, 준체(準体)조사]

⇒ あかいのや あおいのや きいろいのが あります。

(빨간 것이랑 파란 것이랑 노란 것이 있습니다.)

⇒ 言うのも やさしいです。

(말하는 것도 상냥합니다.)

❺「ずつ」: (부조사) ~씩 (수량이 똑같이 나누어짐)

⇒ つくえと いすを一つずつ 用意(ようい)する。

(책상과 의자를 하나씩 준비한다.)

⇒ 二人ずつ 組(く)む。

(두 사람씩 조를 짜다.)

❻「くらい」와「ごろ」

「くらい」: (조사) 정도, 만큼, 가량, 쯤 (「ぐらい」라고도 하는데 활용어에는「くらい」를, 체언에는「ぐらい」를 사용한다 -- 단, 절대적이지 않음)

(この その あの どの, **연체사)** + くらい
(그 외) + ぐらい (森田)

❼「本(ほん, ぼん, ぽん): (조수사) ~송이, ~자루(꽃, 막대기), 1, 6, 8, 10에는「ぽん」, 3에는「ぼん」으로 읽음.

いっぽん、にほん、さんぼん、よんほん、ごほん、ごほん、ろっぽん、ななほん、はっぽん、きゅうほん、じゅっぽん、何本(なんぼん)

❽ ください : 주십시오(くださる의 명령형) -- 14과에서 설명함

Cafe - 5

※ 선물에 대하여

일본인들은 선물을 할 때 '약소합니다만(つまらないものですが)'이라고 말하며 상대방에게 건넨다. 그리고 선물을 어떻게 사용하는지 자세히 일러주는 것이 예의다. 건네받은 선물을 받았을 경우 가까운 시일 내에 이에 대한 보답을 꼭 한다. 그렇지 않을 경우라도 인사의 말을 해야 한다. 보태어 관혼상제의 경우에도 받은 액수의 약 절반을 다시 돌려주는 관습이 있다. 이를 '한가에시(半返し)'라고 말한다.

7課 山田さんは あした ソウルへ いきますか。

みなさん、いっかげつは なんにちですか。
じゃ、ついたちから　三十一日まで いっしょに 読みましょう。

ついたち、ふつか、みっか、よっか、いつか、むいか、なのか、ようか、ここのか、とおか、じゅういちにち、じゅうににち、じゅうさんにち、じゅうよっか、じゅうごにち、じゅうろくにち、じゅうしちにち、じゅうはちにち、じゅうくにち、はつか、にじゅういちにち、にじゅうににち、にじゅうさんにち、にじゅうよっか、にじゅうごにち、にじゅうろくにち、にじゅうしちにち、にじゅうはちにち、にじゅうくにち、さんじゅうにち、さんじゅういちにち

一年は なんかげつですか。
一年は じゅうにかげつです。 いっしょに 読みましょう。

いちがつ、にがつ、さんがつ、しがつ、ごがつ、ろくがつ、しちがつ、はちがつ、くがつ、じゅうがつ、じゅういち

がつ、じゅうにがつ

一か月は なんしゅうかんですか。
一か月は よんしゅうかんです。

一週間は なんにちですか。
一週間は なのかです。それは 何ですか。

げつようび、かようび、すいようび、もくようび、きんようび、どようび、にちようび

田中さんの 誕生日は なん月 なん日ですか。
私の たんじょうびは 五月 二十四日です。

山田さんは いつですか。
十月 八日です。

山田さん、あした チェジュドへ 行きますか。
はい、行きます。
いつ 帰りますか。
来週 月曜日に 帰ります。一泊二日です。

田中さんは 今年 卒業しますか。
いいえ、しません。来年 卒業します。

요약 해설

❶ 조수사(助数詞) -- '달력' 읽는 법(日, 요일, 월, 개월, 년 등)

가. <u>日 (にち、じつ、ひ、び、か)</u>

1) 일(日)의 명칭

⇒ 一日 (ついたち)　二日 (ふつか)　三日 (みっか)
<u>四日 (よっか)</u>　五日 (いつか)　六日 (むいか)
七日 (なのか)　<u>八日 (ようか)</u>　九日 (ここのか)
十日 (とおか)　<u>十四日 (じゅうよっか)</u>　<u>二十日 (はつか)</u>
<u>二十四日 (にじゅうよっか)</u>

2) 요일(曜日 : ようび)의 명칭

にちようび	げつ "	か "	すい "	もく "	きん "	ど "
日曜日	月	火	水	木	金	土

3) 일(日)의 다른 명칭

何日	一昨日	昨日	今日	明日	明後日
なんにち	おととい	きのう	きょう	あした	あさって
(며칠)	(그저께)	(어제)	(오늘)	(내일)	(모레)

나. 月 (がつ, げつ, つき)

1) がつ -- 달의 명칭

⇒ 一月(いちがつ, 1월) 二月(にがつ) 三月(さんがつ) 四月(しがつ) 五月(ごがつ) 六月(ろくがつ) 七月(しちがつ) 八月(はちがつ) 九月(くがつ) 十月(じゅうがつ) 十一月(じゅういちがつ) 十二月(じゅうにがつ) * 正月(しょうがつ)

2) げつ -- 개월 수(표기는 ~か月 또는 ~ヶ月)

⇒ 一か月(いっかげつ, 1개월) 二か月(にかげつ) 三か月(さんかげつ) 四か月(よん‥) 五か月 (ご‥) 六か月(ろっ‥) 七か月(なな‥) 八か月(はっ‥) 九か月(きゅう‥) 十か月 (じゅっ‥) 十一か月(じゅういっかげつ) 十二か月(じゅうに‥)

3) つき -- 一月(ひとつき, 한 달) 二月(ふたつき) 三月(みつき) ‥

⇒ まるい月(둥근 달) あかるい月(밝은 달) 三日月(みかづき, 초승달)

다. 年 (ねん, とし)

1) ねん -- 연(年)의 명칭

⇒ 一年(いちねん) 二年(にねん) 三年(さんねん) 四年(よねん) ‥
何年(なんねん)

2) とし・ねん

おととし	一昨年	きょねん	去年	ことし	今年	らいねん	来年	さらいねん	再来年

라. 몇 박 며칠

⇒ 一泊二日(いっぱく ふつか) 二泊三日(にはく みっか)
三泊四日(さんぱく よっか) 何泊何日(なんぱく なんにち)

❷ V의 기본이해 (V의 설명은 부록의 〈별지-1〉 참조)

※ V의 用 + ます (이때의 ‘V의 用’는 ‘ます형’이라고도 함)

Cafe - 6

※ 일본의 버스

동경의 버스는 도시형 저상(低床)버스로 냉난방이 제법 잘 되어 있다. 출퇴근 시간은 분명 러시아워인데도 생각보다 그렇게 붐비지 않는다. 이곳의 버스는 운행하는 코스가 짧은 것이 특징인데 운행 도중에는 승객이 서 있는 채로 갈 수 없다. 반드시 버스가 정차한 후에 내리게 되어있다. 그리고 운전수 원맨(ワンマン)으로 운영하면서 회사 고유의 유니폼에 모자를 쓰고 있으며 그 밑에는 소형 콤팩트 마이크가 달려있어 직접 안내방송도 한다. 더욱 특이한 점은 운전기사가 방송을 할 때에는 승객에게 폐가 되지 않도록 조용조용 말한다. 하물며 과속을 한다는 것은 절대 있을 수 없으며 승객들에게 최대한 편리하고 안락함을 준다는 고객 위주의 서비스 정신이 박혀 있다.

8課　土曜日に　どこかへ　行きますか。

キムさん、土曜日に　どこかへ　行きますか。
いいえ、どこへも　行きません。
うちで　勉強します。来週　試験が　あります。

山田さんは　あした　何を　しますか。
友だちの　結婚式へ　行きます。それから、用事で
実家へ　行きます。あしたは　とても　いそがしいです。

田中さんも　あした　いそがしいですか。
いいえ、あまり　いそがしく　ないです。ひまです。
うちで　新聞を　読みます。そして　インターネットも　します。
うらやましいですね。

鈴木さん、北海道の　夏は　あついですか。
いいえ、あまり　あつく　ありません。すごしやすいですね。

요약 해설

❶ A의 부정(否定)

(A의 어간) + くないです → ~ 지 않습니다 (공손부정)
+ くありません 〃

A의 어미(語尾)「~い」를「~く」로 고치고「~ない」를 연결한다.

⇒ むずかしい(어렵다) → むずかしくない(어렵지 않다)
おいしい(맛있다) → おいしくない(맛있지 않다)

❷ 조사「へ」는「 e 」로 읽어야 된다. [방향, ~로, ~에]

⇒ 来年(らいねん)日本へ 帰(かえ)りますか。
(내년에 일본으로 돌아갑니까?)

❸「どこかへ」와「どこへも」

「どこかへ」의「か」는 불확실함을 나타내며「어딘가에」로 해석한다.「どこへも」「どこにも」는「어디에도」즉「아무데도」이다. 보통은「どこにも」쪽을 사용한다.

⇒ どこかへ 行きますか。(어딘가에 가십니까?)
どこへも 行きません。(아무데도 가지 않습니다.)
どこにも 行きません。(아무데도 가지 않습니다.)

❹ V의 중지법 : 연용형(ます형)으로 표기함.
(「～고」「～며」로 해석)

⇒ 書(か)く → 書き、読(よ)む → 読み、降(ふ)る → 降り、吹(ふ)く → 吹き ...

❺ 「何を」「何に」「何が」**의 읽기 → 모두** 「なに」**로 읽는다.**
(2과의 「何(なん)」과 비교할 것)

Cafe - 7

※ 일본의 젓가락

일본에서는 숟가락을 거의 사용하지 않는다. 젓가락 하나로 밥과 국, 반찬을 먹는다. 그래서 젓가락만으로는 음식을 떨어뜨릴 수가 있다. 그래서 밥그릇을 한 손으로 들고 먹거나, 밥그릇에 입을 대고 먹기도 한다. 된장국(味噌汁、みそしる)도 젓가락으로 휘저어서 입에 대고 후루룩 마신다. 그러나 우리같이 밥을 국에 말아 먹지 않는 습관이 있다. 또 라이스(밥)는 먹을 만큼만 덜어서 먹고, 한 그릇 더 먹고 싶을 경우 '오카와리(おかわり)'라 하여 청한다.

9課　わたしは 夜 早く ねます。

田中さんは 毎朝 早く 起きますか。

たいてい 早く 起きます。でも、休みの 日は 早く

起きません。遅く 起きます。

何時ごろ 起きますか。

十時ごろ 起きます。

すみませんが、いま 何時 何分ですか。

十時 三十分です。

ああ、そうですか。はやいですね。

午後 授業が あります。

キムさん、もう お昼に なりましたね。

ああ、そうですか。

お昼は なにに しますか。

そうですね。

日本の ラーメンは いかがですか。

はい、いいですよ。行きましょう。

山田さん、きのうは 何を 食べましたか。
うなぎを 食べました。
このごろ、元気が 出なくて ひさしぶりに 食べました。

田中さんも うなぎを 食べましたか。
いいえ、きのう おなかを こわしました。
それで、わたしは 食べませんでした。

요약 해설

❶ 시간(時間 : じかん)을 나타내는 말

1) 時(じ)

一時	二時	三時	四時	五時	六時	七時
(いちじ)	(にじ)	(さんじ)	(よじ)	(ごじ)	(ろくじ)	(しちじ)
八時	九時	十時	何時			
(はちじ)	(くじ)	(じゅうじ)	(なんじ)			

2) 分(ふん, ぷん)

一分	二分	三分	四分	五分	六分	七分
(いっぷん)	(にふん)	(さんぷん)	(よんぷん)	(ごふん)	(ろっぷん)	(ななふん)
八分	九分	十分	何分			
(はっぷん)	(きゅうふん)	(じゅっぷん)	(なんぷん)			

cf) 절대로 「ぶん」으로는 읽지 않는다. [三十分(さんじっぷん)은 半(はん)이라고도 함.] 「十分」은 보통은 「じゅっぷん」이라고 잘 읽는다.

3) 秒(びょう)

一秒	二秒	三秒	四秒	五秒	六秒	七秒
(いちびょう)	(にびょう)	(さんびょう)	(よんびょう)	(ごびょう)	(ろくびょう)	(ななびょう)
八秒	九秒	十秒	何秒			
(はちびょう)	(きゅうびょう)	(じゅうびょう)	(なんびょう)			

❷ 때(timing)를 나타내는 부사 : 「に」를 습관적으로 생략한다. (작문時 주의!)

朝(あさ), 昼(ひる), 夜(よる), 毎晩(まいばん), 毎朝(まいあさ), 毎週(まいしゅう), 昔(むかし), 来年(らいねん), 最近(さいきん)등

⇒ 아침에 일찍 일어납니까? → 朝 早く 起きますか。
밤에 무엇을 합니까? → 夜 何(なに)を しますか。

❸ A, Av의 부사적 용법 ⇒ 연용형(連用形)

A의 「〜い」 → 「〜く」 「〜かっ」

⇒ あかい(빨갛다) → あかく(빨갛게), 早い(이르다) → 早く(일찍), さむい(춥다) → さむかった(추웠다)

Av의 「〜だ」 → 「〜に」 「〜で」 「〜だっ」

⇒ きれいだ(아름답다) → きれいに(아름답게), きれいで(아름다워서, 아름답고) しずかだ(조용하다) → しずかに(조용히), しずかで(조용해서, 조용하고), しずかだった(조용했다)

A나 Av가 부사적 용법을 나타내는데 있어서, 이러한 활용을 연용형(連用形)이라고 한다.

❹ N + に なる : ~이(가) 되다 (결과)

「名詞+になる」는 「~이(가) 되다」이다. 이 때 조사 「~が」로 쓰이지 않도록 주의하자. (이 경우는 결과의 「に」 용법임)

⇒ 有名(ゆうめい)な野球選手(やきゅうせんしゅ)になった。
(유명한 야구선수가 되었다.)

❺ ~ませんでした : ~지 않았습니다 (과거 부정)

⇒ いく(가다, 기본형)
→ いきます(갑니다, 현재긍정)
→ いきません(가지 않습니다, 현재부정)
→ いきませんでした(가지 않았습니다, 과거부정)

Cafe - 8

※ 데이코쿠(帝国)호텔

동경 중심지에 120년의 역사를 가진 데이코쿠(帝国)호텔이 있다. 영국의 엘리자베스 여왕이나 영원한 섹시 심벌 마릴린 먼로 같은 세계적인 귀빈들이 머물렀던 호텔로도 유명하다. 이 호텔은 고객에 대한 섬세한 배려는 물론, 명품 서비스정신을 보여주고 있다. 일례를 보면, 서빙하는 직원이라면 고객이 마시는 찻잔에 유달리 관심을 갖는다. 차를 마실 때 찻잔이 어느 정도 기울어져 있는지 그 찻잔의 기울기를 보고 리필 여부를 판단한다. 그뿐이 아니다. 객실 손님이 묵고 떠난 호텔룸에 깜빡 잊고 두고 간 조그마한 물건은 물론, 손님이 쓰레기통에 버리고 간 휴지 종이까지 소중히 보관해 둔다. 즉 고객이 남기고 간 모든 것을 봉지에 그대로 담아 이름 · 체크아웃 일자 등을 기록하여 매달아 놓는다.

이렇게 그들은 고객을 위하여 극진히 배려하고 섬기는 오랜 전통과 서비스 정신이 몸에 가득 배어 있다.

10課　きのうは　暑かったです。

きょうは　いい　天気ですね。

そうですね。

きのうも　いい　天気でしたか。

いいえ、きのうは　いい天気では　ありませんでした。

よく　なかったです。悪かったです。雨が　降りました。

それに　風も　吹き、かみなりも　なりましたよ。

あしたは　どうでしょうか。

多分　雨が　降るでしょう。

きのうと　同じ　天気に　なるでしょう。

わたしは　一日じゅう　うちに　います。

あさっては　どうでしょうか。

多分　いい　天気でしょう。

風も　なく、気温も　高く　なく、

ちょうど　いい　天気に　なるでしょう。

どこかへ　行きましょうよ。

はい、行きましょう。

きょうは　すずしいですか。

はい、すずしいです。

きのうも　すずしかったですか。

きのうは　すずしく　なかったです。あつかったです

요약 해설

❶ A의 과거형 : A의 「~い」를 「~かった」로 바꾼다.

1) **A의 부정과거** : A의 「~い」를 「~くない」로 바꾼 다음 부정형의 「~い」를 「~かった」로 고쳐 「~くなかった」로 한다.

cf) 「いい」는 「よい」를 활용해서 사용한다. (왜냐하면, 어간이 어미와 같기 때문임) 「いい」를 사용할 때는 활용하여 사용하지 않고 기본형으로만 사용한다.

⇒ ┌ 좋았다 → よかった (과거형)
　 └ 좋지 않았다 → よくなかった (과거 부정형)

⇒ いい天気 (좋은 날씨), 気持(きもち)がいい。(기분이 좋다)

2) **A의 중지법** : 「~い」를 「~く、」(연용형)으로 바꿈(「~고」「~며」로 해석)

⇒ あつい → あつく、　ない → なく

❷ 「날씨」에 관한 말

날씨나 일기를「天気(てんき)」라 하며, 다음과 같은 단어를 사용한다.

┌晴(は)れる(맑다)　　曇(くも)る(흐리다)
| 暖(あたた)かい(따뜻하다) -- 春
| 暑(あつ)い(덥다) -- 夏
| 涼(すずし)い(시원하다) -- 秋
└寒(さむ)い(춥다) -- 冬

cf) 花冷(はなび)え(꽃샘추위),　春夏秋冬(しゅんかしゅうとう)
(춘하추동)

❸ 多分(たぶん) ～ でしょう : 아마 ～ 이겠죠

「多分(たぶん)」은 「아마도, 필시」라는 뜻으로, 문말에 추측을 나타내는 표현과 호응한다. 「おそらく～でしょう」와 같은 의미이다. 이러한 말을 진술(陳述)부사 또는 호응부사라고 한다.

⇒ 彼は 塩辛(しおから)いものを よく たべます。
(그는 짠 것을 잘 먹어요.)
そうですか。では、辛(から)いものも よく 食(た)べますか。
(그래요? 그럼 매운 것도 잘 먹습니까?)
たぶん 食べるでしょう。かれは キムチが 好(す)きですから。
(아마 먹겠죠. 그는 김치를 좋아하니까요.)

❹ N と同じ N : N 과 같은 N

⇒ あなたの カバンと同じ カバン (당신의 가방과 같은 가방)

11課　日本へ　なにを　しに　行きますか。

キムさんは、らいねん　大学を　卒業しますね。

はい、卒業します。

その　あと、なにを　しますか。

日本へ　行きます。

日本へ　何を　しに　行きますか。

日本へ　勉強を　しに　行きます。

なんの　勉強を　しに　行きますか。

ロボットの　勉強を　しに　行きます。

鈴木さん、日曜日　なにを　しますか。

デパートへ　買い物に　行きます。

だれと　いっしょに　買い物に　行きますか。

母と　姉と　いっしょに　行きます。

お母さんと　お姉さんは　何を　買いますか。

いろいろな　ものを　買いますよ。

たとえば、すき焼きの　材料と　贈り物　などを　買います。

じつは、あさっては 父の 誕生日です。
それで いろいろ 用意します。

田中さん、土曜日は なにを しますか。
映画を 見に 行きます。
だれと いっしょに いきますか。
友だちと いっしょに 行きます。
なんの 映画ですか。
‘雪国列車’ と いう 映画です。
とても 面白い 映画だと いいますよ。
ああ、そうですか。

約束の 場所は、どこですか。
ビンスビンスと いう カフェで 会います。
友だちは 何時 ごろ 来ますか。
十二時 ごろです。
お昼の 時間ですね。
はい、そうです。
カフェで かんたんに サンドイッチを 食べます。
楽しみですね。

요약 해설

❶ 조사「に」의 특별한 용법

동작성 N V의 연용형(전성 N)	+ に 行く (~하러 가다 / 오다) (来る)

이 경우의 조사「~に」는 動作의 目的을 나타낸다.「行(い)く」 외에도「来(く)る」「出(で)かける」「入(はい)る」등의 주로 왕래(往来)동사가 오게 된다.

⇒ むかえに 行く (마중하러 가다), 見物に 来る (구경하러 오다), 運動をしに 行く (운동하러가다), あそびに 出かける (놀러 가다)

❷「親族 N」의 호칭

일본에서는 자기 가족이나 직장인 등을 他人에게 이야기할 때 존경어를 사용하지 않는다. (한국어의 경우와 다름)

⇒ お父(とう)さん → 父(ちち), お母(かあ)さん → 母(はは)

お兄(にい)さん → 兄(あに), お姉(ねえ)さん → 姉(あね)
社長(しゃちょう) → 社長, 部長(ぶちょう) → 部長

❸ ～という : ～라고 하다, ～라는

⇒ あの山は、ハンラサン<u>という</u>。(저 산은 한라산이라고 한다.)
アリラン<u>という</u>歌(うた)。(아리랑이라는 노래.)

12課　銀座へ 行く バスです。

鈴木さん、わたしは きょう 銀座へ 行きます。

あ、そうですか。

先生と 会う ことに しました。

どこで 会う ことに しましたか。

銀座の 三越デパートの あたりです。

銀座は、東京で一番 賑やかな ところです。

電車に 乗る つもりですか。バスに 乗る つもりですか。

どちらでも 便利ですが、電車に 乗る つもりです。

東京の 電車は たいへん 便利ですね。

日本では 降りる 人が 先に 降ります。乗る 人は 後から 乗ります。

ちょっと 失礼します。友だちに 電話を かけます。

はい、どうぞ。

もしもし、山田です。こんにちは。

あした きゅうに ゼミの予定が入りました。

ああ、そうですか。わかりました。

キムさん、ひさしぶりです。

先生、おひさしぶりですね。あれから お元気でしょうか。

あいかわらず 元気です。キムさんは。

おかげさまで 元気です。

じゃ、なにに しましょうか。

わたしは カフェ ラッテに します。キムさんは。

アメリカンに します。

休みの あいだ、韓国へ 帰る けいかくは ありますか。

はい、あります。しんせきの 結婚式が あります。

요약 해설

❶ ～ことにする : ～하기로 하다

⇒ 日本へ留学することにしました。
(일본에 유학하기로 했습니다.)

cf) ～ことになる : ～하게 되다
⇒ 日本へ留学することになりました。
(일본에 유학하게 되었습니다.)

❷ 掛(か)ける → 걸다, 앉다, 끼다 등

⇒ 電話をかける (전화를 걸다)　いすにかける (걸상에 앉다)
めがねをかける (안경을 끼다)

❸ ～と 会(あ)う : ～와 만나다 (미리 약속)
～に 会(あ)う : ～를 만나다 (우연히 만남)

⇒ 日曜日、友達と会うつもりです。
(일요일 친구와 만날 예정입니다.)
銀座で先生に会った。
(긴자에서 선생님을 만났다.)

❹ V의 연체형 : 종지형과 같이 기본형의 모양과 같다. 연체형은 후접하는 말이 N가 된다.

대체로 한국어로 해석하면 **「～ㄴ 사람」「～ㄹ 때」「～기 전에」**로 된다.

⇒ 図書館へ行く人はだれですか。
(도서관으로 가는 사람은 누구입니까?)
学校に行く時は何時ですか。
(학교로 갈 때는 몇 시입니까?)
学校に行く前に運動をします。
(학교로 가기 전에 운동합니다.)

❺ 東京**의** 地名

⇒ 新宿(しんじゅく), 銀座(ぎんざ), 渋谷(しぶや), 六本木(ろっぽんぎ), 上野(うえの)

❻ Av의 연체형 : ～だ → ～な + N

⇒ きれいだ → きれいな顔(かお), 静かな町(まち)

❼ Nに乗(の)る **: N을 타다**

⇒ 自転車にのって学校に行く。(자전거를 타고 학교에 간다.)

❽ 日本의 도시명

⇒ 東京(とうきょう), 大阪(おおさか), 京都(きょうと), 仙台(せんだい), 札幌(さっぽろ), 横浜(よこはま), 福岡(ふくおか), 神戸(こうべ), 広島(ひろしま), 名古屋(なごや), 宮崎(みやざき)

❾ 「先に」(먼저)와 「後から」(나중에)

⇒ 先に 来た ひとは、だれですか。

(먼저 온 사람은 누구입니까?)

⇒ お先に しつれいします。

(먼저 실례하겠습니다.)

⇒ 後から きて まえに でる。

(나중에 와서 먼저 나가다.)

❿ あいかわらず : 변함없이

⇒ 今年(ことし)も あいかわらず よろしく。

(올해도 변함없이 잘 부탁해요.)

Cafe - 9

※ 미츠코시 백화점

세계에서 가장 오래된 백화점은, 1673년에 개점한 '미츠코시' 백화점이다. 창업자는, 에도시대의 전설적인 거상이고 일본 최대의 재벌그룹 미츠이(三井)상사를 설립한 '미츠이 다카도시'(三井高利, 1622~1694)다. 그는 340년 전에 벌써 고객 중심의 경영을 도입하여 실천한 대표적 인물이다. 즉, '현금, 에누리 없음'(소위 정찰판매)이라는 슬로건을 내걸어 매우 획기적인 방법을 취했다. 영국 프랑스 등 비교적 선진 상업민족보다 1세기 전의 일이라 생각하면 놀랍다.

동경 니혼바시(日本橋)에 본점을 둔 국제백화점으로, 미국 영국 홍콩 대만 등에 지점이 있고, 동경도내에 대형점이 세 개, 지방에 열다섯 개가 있다. 더욱이 소형점은 지방에 스물아홉 개나 자리하고 있다. 본점을 가기 위해서는 동경 메트로긴자선(メトロ銀座線)의 미츠코시마에(三越前)라는 지하철역을 나오면, 그대로 미츠코시의 지하 일층 점내로 직접 통할 수 있게끔 되어있다. 진귀하게도, 1952년에 팔렝케(Palenque)의 왕묘에서 발굴된 '마야의 비취가면'을 전시한 적이 있고, 아폴로 12호가 채취한 월석(月石)도 전시한 일도 있다.

13課 フィットネスを やって います。

キムさん、何時に ヘウンデ駅に 着きますか。
11時に 着きます。
お昼、どう します?
かんたんに 食べましょうか。
はい、そう しましょう。

朝、何時に うちを 出て 駅へ 何時に 着きましたか。
九時に うちを 出て 九時半に 着きました。
駅まで 歩いて 来ました。
そうですか。家から 近いですね。
それでは、なんじに 起きましたか。
六時ごろ 起きて 七時ごろ 朝ご飯を 食べました。

山田さん、朝、運動を して いますか。
朝は して いません。運動は 午後 五時ごろ します。
フィットネスを やって いますよ。

フィットネスって 何ですか。

いろいろな 道具を 使って 体を きたえる 運動です。

そうですか。うらやましいですね。

わたしは 運動を やる ひまが ありません。

ああ、それは 残念ですね。

それじゃ、スーパーに 行って なにか 買いましょうか。

はい、そう しましょう。

きょうは ビールや お菓子や 果物を 買いましょう。

それが いいですね。

요약 해설

❶ V의 「音便形」은 다음과 같이 요약한다.

1) V의 연용형에 「て」, 「た」, 「たり」가 접속할 때 발생한다.

2) 반드시 「5단V」에서만 발생한다. (단, 어미가 う, く, ぐ, つ, ぬ, む, ぶ, る 8가지로 끝남)

3) 세 가지 종류가 있다.

① イ音便(い) : く, ぐ → い (ぐ는 뒤에 連濁)
⇒ 着く → 着いて, 着いた, 着いたり
泳ぐ → 泳いで, 泳いだ, 泳いだり

② 促音便(っ) : う, る, つ → っ (小文字)
⇒ 買う → 買って, 買った, 買ったり
入る → 入って, 入った, 入ったり
待つ → 待って, 待った, 待ったり

③ 撥音便(ん) : ぬ, む, ぶ → ん (뒤에 連濁)
⇒ 死ぬ → 死んで, 死んだ, 死んだり
飲む → 飲んで, 飲んだ, 飲んだり
飛ぶ → 飛んで, 飛んだ, 飛んだり

4) 예외 : ① 「する 끝나는 V」는 음편형이 없다.

⇒ 話(はな)す → 話して, 話した, 話したり

消(け)す → 消して, 消した, 消したり

② 「行く」는 イ音便이 아니라 促音便으로 바뀐다.

⇒ 行く → 行って, 行った, 行ったり

5) 음편형 연습 : <별지-2> 참조

❷ ~って : ~이란, ~이라고 하는 것은(= ~というのは)

⇒ お前って 意外(いがい)に 話せるんだなあ。

(자네란 의외로 이야기가 통하는 군.)

⇒ あなたって ひどい 人だわ。(당신이란 매정한 사람이야.)

❸ 시간을 나타내는 '朝', '昼', '夕方', '夜' 등에는 'に' 조사를 자주 생략하여 사용된다. (우리말 '에'에 해당됨)

⇒ 나는 아침에 운동합니다. → 私は 朝 運動します。

14課 ちょっと 待って ください。

(パン屋で)

いらっしゃいませ。

今朝の 食パンは もう 出ましたか。

お客さま、まだ 出て いません。10時に 出ます。

少々 お待ちください。

はい、ありがとうございます。

この 図書館の えつらん室は、たいへん 静かで きれいですね。

そうですね。

きょう 何階で 勉強しますか。

四階の 語学資料室で レポートを かく つもりです。

日本語の 音便形について 書く つもりです。

ああ、そうですか。

(大学の 庭園で)

この 大学の 庭園は、きれいで すばらしいですよね。

はい、そうです。びっくりしました。

予想より 広いですね。

そちらの ベンチに かけましょうか。

はい、そう しましょう。

あの たてふだを ご覧なさい。

「しばふに 入らないで ください」と 書いて あります。

きょうは いい天気ですが、どこかへ 行きましょうか。

はい、行きましょう。

요약 해설

❶ 경어 특수활용 V

경어V의 <u>ます형</u>, <u>명령형</u> : 「~る」 → 「~い」 -- 특수활용V

⇒ くださる (くれる의 존경어), なさる (する의 존경어),
いらっしゃる (いく, いる, くる의 존경어), おっしゃる (いう의 존경어)

┌ ます形의 연습 → くださいます(주십니다), なさいます(하십니다),
|　　いらっしゃいます(가십니다, 계십니다, 오십니다)
|　　おっしゃいます(말씀 하십니다)
|
└ 명령형연습 → ください(주십시오), なさい(하십시오),
　　いらっしゃい(가시오, 계십시오, 오십시오),
　　おっしゃい(말씀 하십시오)

❷ (V의 用) + てください : ~해 주십시오
= お + V의 用 + ください

(이 경우, <u>V의 用는 "て형"</u> 을 말함)

「お + V의 用 + ください」형과 동일함. (이 경우, <u>V의 用는 "ます形"</u>을 말함)

⇒ 書い<u>てください</u> = お書き<u>ください</u> (써 주십시오)

❸ (V의 未) + ないでください : ~하지 마세요 (금지)

(V의 未에는, 「ない형(부정형)」「う형(의지형)」 두 가지 형이 있다. 여기서는 「ない형」을 말함,)

* 「ない형」 만들기

- **5단V** : 어미 <ウ>段 → <ア>段으로 바꿈.
  (단, `う`로 끝나는 동사는, `わ`로 되는 것을 중요하게 생각할 것!)
  ⇒ かく → かかない、よむ → よまない、ならう → ならわない
- **1단V** : 어미 <る> → 탈락
  ⇒ おきる → おきない、たべる → たべない
- **くる** → こない
- **する** → しない

❹ 접속조사 「が」

앞의 文과 뒤의 文을 가볍게 연결해 주어, 뒷문장의 의미가 약간의 결과를 나타낼 수 있거나 반대되거나 할 때, 또는 전후 문장의 의미가 단순히 연결에 그칠 때 쓰인다. 즉, '순접 · 역접 · 무색투명'의 세 가지 경우를 나타낸다.

⇒ いい天気ですが、散歩に行きましょうか。
(좋은 날씨인데 산책하러 갈까요?) -- 순접

きょうは 授業がないですが、学校へ 行きます。

(오늘은 수업이 없지만 학교에 갑니다.) -- 역접

えいがかんへ 行きましたが、たいへんおもしろかったんです。

(영화관에 갔었는데 매우 재미있었어요.) -- 무색투명

❺ 형용동사(Av)의 어미 〈～だ〉 → 〈～で〉 (연용형)

Av가 뒤에 서술어(V, A, Av등)에 연결될 때는 연용형의 모양을 취하여야 하는데, Av에서 연용형은 「で」「に」「だっ」이 있다. 모든 형용동사는 어미가 <～だ>로 끝남으로 그것을 <～で>로 바꾸어 주면 된다. [부록의 <별지-4>참조]

⇒ きれいだ (깨끗하다, 예쁘다) → きれいで, きれいに, きれいだった (깨끗하고, 깨끗해서, 깨끗하게, 깨끗했다)

❻ ～てある : 16과에서 설명함.

❼ ～つもりです : 19과에서 설명함.

❽ ～ですよね : ～하지요(확인)

⇒ きょうは いい天気 ですよね。(오늘은 날씨가 좋지요.)

Cafe - 10

※ 101세 일본 할머니

일본의 어느 시인 할머니가 있다. 동경 북쪽 우츠노미야시(市)에 살고 있는 시바다 토요(柴田トヨ)라는 할머니가 일본에서 화젯거리다. 한국나이로 2013년 현재 101세로 100만부나 팔린 베스트셀러의 주인공이다.

20여 년 전 남편과 사별, 홀로 외롭게 살고 있는 어느 날, 아들의 권유로 92세에 시(詩)를 쓰기 시작한다. 허리가 아파 취미로 배웠던 일본무용을 그만두고 낙담하고 있을 때, 자기가 평상시 조금씩 모은 100만엥으로 시집을 출판하게 된다. 시집 이름 '약해지지 마'(くじけないで)로, 일약 하루아침에 유명시인이 되어 일본열도의 모든 여성들, 특히 40대 이상의 여성들 가슴을 울렸던 것이다.

"있잖아 불행하다고 한숨짓지 마 / 햇살과 산들바람은 한쪽 편만 들지 않아 / 꿈은 평등하게 꿀 수 있는 거야 / 나도 괴로운 일도 많았지만 살아 있어 좋았어 / 너도 약해지지 마" ['약해지지 마'에서]

15課　韓国語で　何と　いいますか。

山田さんは、外国語の　なかで　何語が　できますか。
英語が　すこし　できます。
韓国語は　どうですか。
韓国語も　すこしは　できます。

「おはようございます」を　韓国語で　なんと　いいますか。
「アンニョン　ハシムニカ」と　いいます。
それでは、「今　何時ですか」は、なんと　いいますか。
「ジグム　ミョシ　イムニカ?」と　いいます。
これは　ちょっと　むずかしいですね。

あの　きいろい　花は、なんと　いいますか。
あの　大きい　花ですか。
ひまわりですね。きれいですね。

あの　竹ばやしの　上に　いる　とりは、なんと　いいますか。

鶴(つる) と いいます。

白くて 大きいです。数えきれない ほど 多いですね。

요약 해설

❶「～と 言う」(～라고 말하다)

인용(引用)의 조사 「と」와 V 「言(い)う」가 접속되어 하나의 어구로 많이 사용된다. (～라 말하다, ～라 하다, 또는 ～라는 + N -- 11과에서 기출)

cf) 「～と いっしょに」(～와 함께) 의 「と」 → 동반(同伴)의 의미
⇒ 母といっしょに買い物に行きました。
(엄마와 함께 쇼핑하러 갔습니다.)

❷「N+で」의 의미 → 〈6과의 3번 기출〉 참조 바람

❸ 세계의 국어 → 접미어 「～語(ご)」

⇒ 韓国(かんこく)～, 英(えい)～, 日本(にほん)～, 中国(ちゅうごく)～, ドイツ～, フランス～, タイ～, スワヒリ～, 등

❹ できる : 23과에서 설명함.

❺ 数(かぞ)えきれない ほど : **헤아릴 수 없을 정도로**

⇒ 夜空(よぞら)には、星が、かぞえきれない ほど おおい。

(밤하늘에는 별이 헤아릴 수 없을 정도로 많다.)

16課　朝から　雨が　降って　います。

(天気)

きょうは　朝から　雨が　降って　います。

風も　吹いて　います。

かみなりも　鳴って　います。

天気が　悪いですね。

きのうは　いい　天気でした。

さくらも　咲いて　いました。

そして　ぼたんも　咲いて　いました。

どこかへ　花見に　行きましょうか。

はい、行きましょう。

(PC室で)

山田さん、ここは　人文大学の　PC室です。

とても　新しくて　きれいですね。

席は　いくつ　ありますか。

やく 100席 あります。

ほかに PC室は どこに ありますか。

図書館と 学生会館にも あります。

あ、そうですか。うらやましいですね。

学生たちは、みんな いっしょうけんめい

キーボードを 打って いますね。

みんな レポートを 書いて います。

요약 해설

* 「~ている」와 「~てある」의 표현

<상태>

① 自v + ている (빈도 多) : ~ 어(여) 있다

-- (16과의 예문참조)

⇒ 咲(さ)く(自v) → さくらがさいている。(벚꽃이 피어 있다.)
閉(し)まる(自v) → 門が閉まっている。(대문이 닫혀 있다.)
開(あ)く(自v) → 門が開いている。(대문이 열려 있다.)
立(た)つ(自v) → 学生が立っている。(학생이 서 있다.)

他v + ている (빈도 少) : ~ 어(여) 있다

-- (17과의 예문참조)

⇒ はく(他v) → くつをはいている。(구두를 신고 있다.)
かける(他v) → めがねをかけている。(안경을 끼고 있다.)
かぶる(他v) → ぼうしをかぶっている。(모자를 쓰고 있다.)

② 他v + てある : ~ 어(여) 있다 -- 作為의 상태[2)]

-- (18과의 예문참조)

⇒ 張(は)る(他v) → 地図が張ってある。(지도가 걸려 있다.)

開(あ)ける(他v) → 門が開けてある。(대문이 열려 있다.)
閉(し)める(他v) → 門が閉めてある。(대문이 닫혀 있다.)

<동장진행>

① 自v+ ている (빈도 少) : ~ 고 있다

-- (16과의 예문참조)

⇒ 歩(ある)く(自v) → 道を歩いている[3]。(길을 걷고 있다.)
渡(わた)る(自v) → 川を渡っている。(강을 건너고 있다.)
飛(と)ぶ(自v) → 空を飛んでいる。(하늘을 날고 있다.)
降(ふ)る(自v) → 雨が降っている。(비가 내리고 있다.)
行(い)く(自v) → 工場へ行っている。(공장에 다니고 있다.)

② 他v + ている (빈도 多) : ~ 고 있다

-- (19과의 예문참조)

⇒ 開ける(他v) → 門を開けている。(대문을 열고 있다.)
閉める(他v) → 門を閉めている。(대문을 닫고 있다.)
浴(あ)びる(他v) → シャワーを浴びている。(샤워를 하고 있다.)
食事をする。 → 食事をしている。(식사를 하고 있다.)
キーボードを打(う)つ。→ キーボードを打っている。(PC를 치고 있다)

2) 어떠한 대상이 뭔가에 의하여 인위적 내지는 고의적인 행동이 가해진 상태를 말한다.
3) 自v이지만 앞의 조사 「を」를 쓰는 것은, 「장소」를 나타내는 용법으로 사용되고 있기 때문이다. 이러한 V에는 「歩(ある)く」「渡(わた)る」「飛(と)ぶ」「通(とお)る」「走(はし)る」등이 있다.

17課　赤い くつを はいて います。

(ミョンドンで)

きょうも たいへん 暑いですね。

はい、そうですね。

梅雨どきも 終りましたので、もっと 暑く なると 思います。

あちらを 見て ごらんなさい。

あの人は、高い ぼうしを かぶって います ね。

あ、そうですね。サンドイッチ マンです。

みんな、そでなしの シャツを 着て います。

それが たいへん 便利でしょう。

あの男の人は、青い ネクタイを しめ、すてきな サングラスを かけて います。

そうですね。

有名な 俳優と 似て いますよね。

あの 女の 人は、赤い くつを はいて います。

最新の デザインで よく 似合っています。かっこいいですね。

요약 해설

❶ 착용(着用)을 나타내는 V

(주로 'ている = た'를 접속하여 사용)

上着(うわぎ) 洋服(ようふく) シャツ セーター	を 着(き)る 着ている
ズボン スカート くつ くつした	を 履(は)く 履いている
ベルト おび ネクタイ	を 締(し)める 締めている
指輪(ゆびわ) 手袋(てぶくろ) 手錠(てじょう)	を はめる はめている
帽子(ぼうし)	を 被(かぶ)る 被っている
眼鏡(めがね)	を掛(か)ける 掛けている

❷ V의 중지법(中止法)

<문장체>에 사용되는 용법으로, V의 연용형(ます형) 그대로의 모양을 말한다(구두점부호 、 를 접속함). <구어체(회화체)>로는 V의 연용형에 접속조사 < て >(소위 'て형')를 사용하면 된다. 의미는 똑같다.

⇒ かく → かき、 (쓰고, 쓰며)

かく → かいて (쓰고, 써서)

よむ → よみ、(읽고, 읽으며)

よむ → よんで (읽고, 읽으며, 읽고서)

❸ 색깔을 나타내는 어휘

⇒ 白(しろ)い ↔ 黒(くろ)い

青(あお)い ↔ 赤(あか)い

黄色(きいろ)い 등

cf) 白(しろ)、黒(くろ)、青(あお)、赤(あか)、黄色(きいろ) 라는 명사도 있다.

위의 단어를 「형용사(形容詞)」라고 한다. 일반적으로 사물의 성질 · 상태를 나타내며, 어미는 「~い」로 끝난다. (<별지-3> 참조)

❹ ので 와 から : (접속조사) ~니까, 때문에

(活의 体) + ので : 객관적

(活의 終) + から : 주관적 (주절에 명령, 의지, 권유, 금지 등이 동반)

⇒ 日曜日なので、休みます。(일요일이기에 쉽니다.)

⇒ 気持(きもち)が悪いから、行かないね。(기분이 나빠서 가지 않아.)

Cafe - 11

※ 세상에서 가장 짧은 시 '하이쿠'

일본의 하이쿠라는 전통적인 시는, 초등학생도 지을 수 있을 정도로 '세상에서 가장 짧은 시'다. 17C말 한국의 김삿갓과 같은 방랑시인이며 하이쿠 시인으로 이름을 떨친 마츠오 바쇼(松尾芭蕉)는, 이미 봄날이 깊어진 어느 날 "오래된 연못/ 개구리 뛰어드는 / 물소리 퐁당!(古池や/蛙飛込む/水の音)"과 같이 읊조렸다. 인기척 없는 조용하고 오래된 연못가에 개구리 한 마리가 연못에 퐁당 뛰어들었다. 주위가 너무나도 조용하고 평온했던 만큼 일순간에 정적이 깨졌지만, 곧 정적의 상태로 돌아가는 심미안을 엿볼 수 있는 시다. 하이쿠시는 5,7,5 운율을 지닌 한 줄짜리 시로 모두 합해봐야 기껏 17자에 지나지 않는 짧은 정형시이다. 이렇게 짧고 간략하게 표현함으로써 '압축과 절제의 미'를 보여줄 뿐 아니라 '찰나와 우주'를 담아보는 시로 예부터 전해내려 오고 있다.

18課 大きい 絵が はって あります。

(モデル ルームで)

いらっしゃいませ。

ここは、新しく できる マンションの

モデル ルームで ございます。

この 部屋に 大きい 絵が 飾って ありますね。

なんの 絵ですか。

オランダの 有名な 絵ですよ。ゴッホの「ヒマワリ」です。

あそこに かけて ある 時計は、おおきいですね。

はい、そうです。

1.5メートル ぐらいです。とても 値段が 高いです。

(景福宮で)

ここは、ソウルの まん中に ある 景福宮で ございます。

景福宮の 門は、いつも 開けて ありますか。

いいえ、いつも 開けては ありません。

ごご 10時からは 閉めて あります。

パンフレットは、ぜんぶ 韓国語で 書いて ありますか。

いいえ、日本語で 書いて あるのも あります。

ここに ありますよ。さあ、どうぞ。

どうも ありがとうございます。

요약 해설

❶ 他V의 用 + てある : 작위(作為)의 상태

他動詞의 連用形에 접속조사 「～て」와 存在를 나타내는 「ある」가 접속되면, 어떠한 일이 인위적으로 가해진 상태를 나타낸다. (앞의 <16, 17, 18과 공통 내용>의 설명 참조)

❷ ～でございます : ～입니다, ～이옵니다 (지극히 공손한 경어, 〈33과 경어〉에서 설명함)

Cafe - 12

* 마츠리 (まつり)

일본에는 각 지역마다 독특한 전통과 풍습이 담겨있는 단순한 축제 이상의 연중행사를 연다. 수확기에 마을 사람들이 함께 모여 잔치를 벌였던 것에서 비롯된다. 처음은 조상과 신의 영혼을 기리며 마을의 신을 봉양하고, 그 해의 풍작과 건강을 비는 종교적인 목적에서 생겨났다. 이것을 전통 마츠리라고 하며 신사(神社)나 절(お寺)을 중심으로 행해진다. 한편 각 지자체 등에서는 지역 활성화 구축을 위해 행하는 이벤트 성격의 시민 마츠리도 많이 있다.

19課　韓国へ　帰ろうと　思って　います。

キムさんは、しょうらい　何に　なる　つもりですか。
先生に　なりたいです。
なんの　先生ですか。
日本語の　先生に　なりたいです。

日本に　どのぐらい　いる　つもりですか。
五年間　いる　つもりです。
大学院を　卒業してから　韓国へ　帰ろうと　思って　います。

結婚は　いつごろ　しようと　思って　いますか。
はっきり　した　ことは　わかりませんが、
来年　結婚する　つもりです。
おめでとうございます。楽しみにして　います。
日本に　友だちが　おおぜい　いますか。
韓国人の　友だちは　多く　ないですが、
日本人の　友だちは　多いです。
ああ、よかったですね。さびしいかと　思いました　けれど　…。

요약 해설

❶ ～てから : ～하고 나서(순차적 동작 후)

⇒ 朝早く起き<u>てから</u>、運動します。
(아침 일찍 일어나서 운동합니다.)

❷ 助v (よ)う 의 용법

	う	5段V	(1) **의지(～겠, ～려)**
V의 未 +	-------- +	-----------	(2) **권유(～자)**
	よう	**이외V**	(3) **추측(～ㄹ 것이다)**
			(未 → 意志形)

(未然形에는 「ない형(부정형)」「う형(의지형)」 두 가지 형이 있다. 여기서는 「う형」을 말함, 즉, <u>5단 : ウ段→オ段, 1단 : 「る」 탈락, くる : こ, する : し로 바꾸면 됨.)</u>

⇒ 書こ<u>う</u>, 起き<u>よう</u>, 食べ<u>よう</u>, 来(こ)<u>よう</u>, し<u>よう</u>

❸ ~ (よ)う + と思(おも)う : ～하려고 생각하다
と考(かんが)える (화자의 意志를 완곡하게 표현)

❹ V의 体 **+** つもりです → ～ㄹ 예정입니다 (불확정)

予定**(**よてい**)**です → ～ㄹ 예정입니다 (확정)

(연체형 = 기본형)

❺ N + に なる (～**이 되다**, 9과 4번 기출)

⇒ 医者になる (의사가 되다, 조사「が」가 아님)

❻ V의 用**+**たい **: ～고 싶다 (희망)** -- (<22과> 참조)

Cafe - 13

※ '대학'이라는 곳

'대학'이라는 곳은 '낭만'을 느낄 수 있는 곳으로 만들어야 한다. 거기에다 학구적인 분위기를 자아낼 수 있도록 여러 가지로 보충해 주어야 된다. 동시에 새내기들에게는 '도덕적인 인간'이 될 것임을 선언해야 된다. 그렇지 않으면 허무맹랑한 가식으로 대학생활이 일그러질 가망성도 있다.

다시 말하면 대학이야말로 '인간교육의 장(場)'이 되어야 한다는 말이다. 그렇지 않으면 수업에 나가 출석할 필요가 있겠는가? 차라리 사설학원에 다니면 될 것이다. 그리고 대학에서 중요한 것은, 학생 각자의 외국어 등과 같은 장기(長技)를 갖추게 하는 장이 되어야 한다. 이와 같이 '대학'이라는 상아탑은, 사회주변에서 생기(生起)하는 여러 가지 일들의 의미(意味)를 통일적으로 받아들일 수 있는 연습장이 되어야 할 것이다.

20課 キムチは いろいろな 材料で 作ります。

もう みそしるが 出来ました。

もうですか。

速いですね。

なにで 作りましたか。

たまねぎと にんにくと とうがらし、それから みそで 作りました。

おいしそうな においが しますね。

いちど 試食しませんか。

おいしいか どうか わかりません。

辛くも 甘くも ありません。うん、ちょうど いいです。

けっこう おいしいですよ。うん、さいこうだよ。

みそで 味を つけますか。

いいえ、いろいろな 材料で 味を つけます。

わたしの 作る 料理は、おいしく ありませんよ。

どうして ですか。

そうですね。

料理と いうのは、腕前(うでまえ)が 大事じゃないでしょうか。

わたしは 気が 短くて 速く 作って しまいますからね。

これからは ゆっくり 作ってみては どうですか。

요약 해설

❶ N + で (장소, 원인·이유, 수단, 방법, 상태)
-- 〈6과의 3번〉 기출

❷ N + が できる : 완성되다, 생기다, 할 수 있다

⇒ 行く用意ができた。(갈 준비가 되었다.)
家の近くに美術館ができた。(집 근처에 미술관이 생겼다.)
結婚して子供ができた。(결혼해서 아이가 생겼다.)
私は早く起きることができる。(나는 일찍 일어날 수 있다.)

❸ A의 어간 + くも A의 어간 + くも ありません
: ~지도~지도 않습니다 (이중 부정)

⇒ 彼女の肌は黒くも白くもありません。
(그녀의 피부는 까맣지도 하얗지도 않습니다.)
このコーヒーは冷たくも熱くもありません。
(이 커피는 차갑지도 뜨겁지도 않습니다.)

❹ 연체수식어속의 「が」는 「の」로 전환

⇒ 背が高い → 背の高い人 (키가 큰 사람)
風の吹く晩だった。(바람이 부는 밤이었다.)

私のほしいものは、デジタルカメラです。
(내가 갖고 싶은 것은 디카입니다.)

❺ N + がする : ~가 나다, ~가 들다 (관용구)

⇒ 匂(にお)いがする (냄새가 나다)　音(おと)がする (소리가 나다)
気(き)がする (느낌이 들다)　寒気(さむけ)がする (오한이 들다)
めまいがする (현기증이 나다)

❻

N
V, A의 기본형
Av의 어간
＋ か どうか わかりません
(~ㄹ지 어떨지 모르겠습니다)

⇒ 学校はあした休むかどうか、まだわかりません。
(학교는 내일 쉴지 어떨지 아직 모르겠습니다.)
旅行に行くかどうか分かりません。
(여행 갈지 어떨지 모르겠습니다.)
この漫画、おもしろいかどうかわかりません。
(이 만화, 재미있는지 어떤지 모르겠습니다.)

❼ 味(あじ)をつける : 맛을 내다

⇒ 何で味をつけましたか。(무엇으로 맛을 냈습니까?)
トウガラシは辛い味をつける。(고추는 매운 맛을 낸다.)

cf) 맛의 종류 : 甘(あま)い(달다),　辛(から)い(맵다),

塩辛(しおから)い[짜다=塩(しょ)っぱい)], 酸(す)っぱい(시다),
渋(しぶ)い(떫다), 苦(にが)い(쓰다)

❽ N というのは : ~라는 것은
[ゆう]

⇒ 人生(じんせい)というのは、いったい何でしょう。
(인생이란, 도대체 무엇일까요?)
すもうというのは、日本で人気があるスポーツだ。
(스모라는 것은, 일본에서 인기 있는 스포츠이다.)

❾ ~て しまう : ~해 버리다 (완료, ~ちゃう)

⇒ 手紙(てがみ)をすぐ書いてしまう。(편지를 금방 써버리다.)
子犬がきのう死んでしまいました。
(강아지가 어제 죽고 말았습니다.)

❿ けっこう : (부) 제법, 그런대로

⇒ このラーメン、けっこう おいしい。(이 라면, 제법 맛있다.)

⓫ ~てみては どうですか : ~해보는 것은 어떻습니까?

⇒ この小説を 読んでみては どうですか。
(이 소설을 읽어보는 것은 어떻습니까?)

21課 きょうは 雪が 降る そうです。

きょうの 空模様は、どうですか。

天気予報に よると、午後は 雪が 降る そうです。

雨は 降り そうもありません。

それから、風も 吹き そうもないです。

雪は たくさん 降る そうです。

よかったですよね。雪だるまを 作ろうと 思いますが …。

楽しみですね。

鈴木さんは、にこにこ して いますね。

きょう 気分が よさそうですね。

なにか あったのですか。

それは、韓国の 友だちから おみやげを もらった からです。

ああ、そうですか。

山田さんの 表情から すると、どうも おかねが なさそうです。

おかねを 貸して あげましょうか。

いいえ、だいじょうぶです。

요약 해설

❶ 두 개의「そうだ」용법

1) **양태(様態)** (20과)

> **V의** 用
> **A · Av의 어간**
> 助v**는 다양**
> + そうだ : **~일 것 같다**(様態)

⇒ ふりそうだ,　おいしそうだ,　きれいそうだ,　ねられそうだ

cf) よい → よさそうだ,　ない → なさそうだ
(어간이 1음절일 때「さ」를 삽입)

cf) 否定形 : ~ ㄹ 것 같지 않다 (~ ㄹ 것 같지 않습니다)
: ~そうではない(ありません), ~そうもない(ありません)[~そうにない(ありません)형도 드물게 있음]

2) **전문(伝聞)**

> 活**의 종지형** + そうだ : ~という, **~라고 한다**(伝聞)

⇒ ふるそうだ, おいしいそうだ, きれいだそうだ,　ねられるそうだ

❷ 「あったのです」는, 회화체에서는 「あったんです」로 말해도 된다. 즉, 「〜のです」(〜NODESU)를 「〜んです」(〜NDESU)로 읽어도 좋다는 말이다.

⇒ 会社をやめたのです。→ 会社をやめたんです。
(회사를 그만 두었습니다.)

❸ 空模様(そらもよう) : 날씨, (일이 되어 가는) 상태, 형세

⇒ 嵐(あらし)の来(き)そうな空模様だ。
(폭풍이 불 것 같은 날씨다.)

⇒ 国会(こっかい)は、険悪(けんあく)な空模様だ。
(국회는 험악한 형세다.)

❹ にこにこ : 생긋생긋, 싱글벙글

⇒ にこにこしながらあいさつする。(생글생글 웃으면서 인사하다.)

22課　わたしは　コーヒーが　好きです。

わたしは　コーヒーが　好きです。

パンと　お菓子も　好きです。

それから　果物も　好きです。とくに　バナナは　大好きです。

お酒は　どうですか。

お酒は　あまり　好きでは　ありません。

たばこは　とても　嫌いです。

お肉は　いかがですか。

あまり　好きでは　ありません。でも　カモルの肉は　好きです。

わたしは　ビールが　飲みたいです。

山田さんも　ビールが　飲みたいですか。

はい、もちろんです。

ぶた肉も　食べたいですか。おつまみとして　食べたいです。

クラスメートたちも、ぶた肉を　食べたがって　いますか。

おそらく　そうだろうと　思いますよ。

キムさんは　車が　ほしいですか。

わたしは　車は　ほしく　ないです。

わたしは　まだ　学生だし、お金も　ないから　無理です。

わたしの　友だちは、新型の　車を　とても　ほしがって　います。

とくに　ドライブするのを　おもしろがって　います。

요약 해설

❶ ⓝ + が すきだ : ~을 좋아하다
きらいだ : ~싫어하다

⇒ メロンが一番すきです。(멜론을 가장 좋아합니다.)
ぶたにくが嫌いです。(돼지고기를 싫어합니다.)

cf) 서술어「すきだ」「きらいだ」의 대상의 조사는「が」이지만, 최근 노래속의 말에는「を」가 자주 사용되고 있다.
⇒ 동방신기의「どうして君を好きになってしまったんだろう」
-- 인터넷 참조

❷ 희망·욕구를 나타내는 표현

ⓝ が　欲(ほ)しい　: **~고 싶다**
ⓝ を(が) **V의** 用 + たい　: **~고 싶다 (1, 2인칭)**
ⓝ を　**V의** 用 + たがる　: **~고 싶어하다 (3인칭)**

⇒ 私はガラスのくつがほしい。
(나는 유리 구두를 갖고 싶다.)
私は水が飲みたい。
(나는 물을 마시고 싶다.)

妹はスカートをはきたがっています。

(여동생은 스커트를 입고 싶어 하고 있습니다.)

❸ 活의 終 + し (접속조사) : ~고, 며 (나열, 열거)

⇒ 長野さんはたばこもすうし、酒も飲みます。

(나가노씨는 담배도 피우고 술도 마십니다.)

彼は頭もいいし、スポーツも万能だ。

(그는 머리도 좋고 스포츠도 만능이다.)

春子はきれいだし、親切だし、人気があります。

(하루코는 예쁘며 친절하고 인기가 있습니다.)

私はまだ学生だし、お金もないから車は買えません。

(나는 아직 학생이고, 돈도 없기 때문에 차는 살 수 없습니다.)

本は買いたいし、お金はないし、どうしよう。

(책은 사고 싶고 돈은 없고, 어쩌지?)

❹ A의 어간 + がる : ~워 하다 (동사化함)

⇒ こわい (무섭다) → こわがる (무서워하다)

かわいい (귀엽다) → かわいがる (귀여워하다)

おもしろい (재미있다) → おもしろがる (재미있어하다)

23課　山田さんは、韓国の 新聞が 読めますか。

キムさんは、水泳が 出来ますか。
はい、うまくは出来ませんが、すこし 出来ます。
今月から 本格的に 習おうと 思っています。

山田さんは、 英語を 話す ことが 出来ますか。
はい、すこし 話す ことが 出来ます。
タイムと いう 雑誌は 読む ことが 出来ますか。
はい、読む ことは 出来ます。

キムさんは、AERAと いう 週刊誌が 読めますか。
えっ、AERAって なんですか。
朝日新聞が 発行して いる 雑誌です。
そうですか。知りませんでした。
ちょっと 読めますが、そんなに すごくは ありません。

鈴木さんは、アイパッドを 持って いますか。
はい、持って います。
うちの 学生は たいてい 持って います。
びっくり しました。うらやましいです。

アイパッドを　打つ　時、左の手で　打てますか。
いいえ、打てません。
わたしは、右ききですよ。でも、両手を　使います。

キムさんは、日本語で　電話が　かけられますか。
いいえ、まだ　かけられません。
いっしょうけんめい　頑張ろうと　思います。

山田さんは、あした　朝　早く　起きられますか。
何時　ごろ　でしょうか。5時　ごろです。
いや、起きられません。朝は　弱いので　こまります。
それは、ざんねんですね。

田中さんは、ゴルフ　出来ますか。
ゴルフは　あまり　出来ません。
このごろ、ゴルフの　かわりに　競歩を　して　います。
競歩と　いうのは、なんですか。
足の　裏を　はなさずに、歩く　スポーツです。
おもしろい　スポーツですね。
はい、とても　おもしろいです。
からだに、たいへん　よいと　思います。
週に　二度、三キロぐらい　歩きますが、
汗が　出てたいへんです。
一か月ぐらい　すれば、体が　もっと　軽く　なる　ように　なります。
それに、川を　眺めながら　歩くのが　なにより　楽しみです。

요약 해설

❶ 可能의 表現

1) 「出来(でき)る」(上1, 自V)를 사용 -- 경우에 따라서는 「漢語 N+できる」를 자주 사용

⇒ フランス語ができる。(불어를 할 수 있다)
信頼(しんらい)できる。(신뢰할 수 있다)

2) 「V의 体 + ことができる」를 사용

⇒ 読む → 読むことができる。(읽을 수 있다)
食べる → 食べることができる。(먹을 수 있다)

3) 「可能V」로 바꾸어 사용
(단, **5단V만** 가능함 - 5단의 기본형어미「ウ段」→「エ段+る」)

⇒ 読む → 読める (읽을 수 있다)
書く → 書ける (쓸 수 있다)

4) 助V 「(ら)れる」를 사용 -- 「V의 未 +(ら)れる」

※ V의 未에는 「ない형」「う형」 두 가지 형이 있다. 여기서는 「ない형」 (단, 「する」는 「さ」에 붙음)을 말함 -- <14과의 3번> 「ない형」 참조

<참조>

			受身 **-31과**
5단, する		れる : いかれる, される	自発 **-없음**
------------	+(未)+	------------------------------------	可能 **-23과**
上**1**, 下**1**, くる		られる : おきられる, たべられる, こられる	尊敬 **-33과**

(단, 「する」는 「される」로 쓰지 않고 「できる」를 사용함.)

⇒ 書く → 書かれる (쓸 수 있다)
食べる → 食べられる (먹을 수 있다)

❷ V의 未 + ず(に) : ~지 않고, 否定 (= ~ないで)

⇒ 日本語で話さず韓国語で話してください。
(일본어로 말하지 말고 한국어로 말해주세요.)
親にも相談せずに、留学をきめた。
(부모님과 상의도 않고, 유학을 결정했다.)
何も食わず寝ている。(아무것도 먹지 않고 자고 있다.)

❸ V의 体 + ように なる : ~이도록 되다

⇒ このごろは一人で電車に乗れるようになりました。
(요즘은 혼자서 전차를 탈 수 있게 되었습니다.)

私も自然に敬語が使えるようになりました。

(저도 자연스럽게 경어를 쓸 수 있게 되었습니다.)

❹ V의 用 + ながら : ~하면서 (동시 동작)

⇒ 歌(うた)いながら運転(うんてん)する。

(노래하면서 운전한다.)

女の子は泣きながら走っていきました。

(여자아이는 울면서 뛰어갔습니다.)

Cafe - 14

※ 일본의 주택

일본은 습기가 많다. 그래서 통풍이 잘되고 습기를 방지하기 위하여 목조건물을 많이 짓는다. 또한 지진에 대비하기 위하여 목조건물과 건물들을 그렇게 높지 않게 짓는다.

일본의 전통가옥은 하나의 주택에 한 세대가 살고 있는 단독 주택이다. 그것을 '잇코다테(一戸建て)'라고 한다. '히라야(平屋)'라고 하는 단층집도 있지만, 보통 2층집이 많은 편이다. 대부분 정원과 주차공간을 갖고 있는데, 욕실과 화장실은 따로 분리되어 있다. 또 일본식 방을 '와시츠(和室)'라 한다. 방과 방 사이에는 미닫이문이라는 '후스마'가 있다. 바닥에는 물론 '다타미(畳)'가 깔려 있다.

24課　キムさんは、兄弟が　ありますか。

鈴木さんは、子どもが　ありますか。
二人　あります。
上の子は　女の子で、下の子は　男の子です。

今年　いくつですか。
上の子は、五さいで、下の子は　三さいです。
しあわせな　家族ですね。
まるで　人形の　ように　かわいいでしょう。
そうです。かわいいですよ。

キムさんは、兄弟が　ありますか。
はい、あります。六人　兄弟です。
いちばん　上の　人は、男ですか。
いいえ、姉です。
キムさんは　何番目ですか。
わたしは　四番目です。

背が どのぐらい ありますか。
170センチ あります。

体重は、どのぐらい ありますか。
70キロ あります。
さいきん ダイエット して 3キロ へらしたのです。
あ、そうですか。

できるだけ、お酒を 飲まない ように した ほうが いいです。
はい、わかりました。

そして タバコは、絶対 やめた ほうが いいです。
わたしは、去年 思いきって やめたんです。
「百害(ひゃくがい) あって 一利(いちり) なし」
と いう ことばも あるでしょう。

いちばん 下の 弟は、アメリカじんの ようです。
ブラッド ピットに 似て いますよ。

요약 해설

❶ 소유(所有)의 〈ある 용법〉 -- 〈存在의 ある 와 いる 용법〉 (4과, 5과 참조)

⇒ 私にはかわいい小犬が二匹ある。
(나에게는 귀여운 강아지 두 마리 가지고 있다.)
私は友だちがたくさんある。(나는 친구가 많이 있다.)

❷ 수량의 N (크기, 거리, 무게, 체온, 기온) + ある → '~되다'

⇒ 170cmある (170센티 된다), 10kmある, 70kgある, 37度ある, 40度ある, 63階もあるビル。(63층이나 되는 빌딩)

❸ 「のです」의 용법

V의 体 + のです : ~것입니다 (단정, 주장, 강조, 「のだ」의 공손체)
+ んです (NODESU → NDESU, 회화체)

⇒ 学校をやめたのだ。(→ のです → んです)
(학교를 그만두었다.)
あなたとぜひメール交換をしてみたいんです。
(당신과 꼭 메일교환을 해 보고 싶습니다.)

❹ ようだ의 용법

(N) + の ようだ : ～와 같다 (비유)
〃 : ～와 같다 (예시)
(活의 体) + ようだ : ～ㄹ 것 같다 (불확실 단정)

⇒ かれはブラッド・ピット(Brad Pitt)のようだ。
(그는 브레드·피트 같다.)
コーラのような冷たいもの。(콜라 같은 차가운 음료.)
雨がふるようだ。(비가 올 것 같다.)

cf) ～ないように : ～지 않도록 (행위의 목적)

⇒ おくれないように気(き)をつけてくださいね。
(늦지 않도록 주의해요.)

❺ 비교 선택

(V의 用) + たほうがいい → ～쪽이 좋다 (불명확)
(V의 終) + ほうがいい → ～쪽이 좋다 (명확)

⇒ その場合は日本人に聞いたほうがいいですよ。
(그 경우는 일본인에게 묻는 편이 좋습니다.)
アパートは交通がもっと便利なほうがいいです。
(아파트는 교통이 좀 더 편리한 쪽이 좋습니다.)
無理をしないほうがいい。(무리하지 않는 쪽이 좋다.)

25課　英語と 中国語と どちらが 易しいですか。

キムさん、いま 夏休みですね。

はい、夏休みです。

どこかへ 行って 来ましたか。

はい、日本へ 行って 来ました。

松山で 仕事が あって 一週間 ぐらい いました。

うちの 日本研修団との 交流会が ありまして。

そう なんですか。おつかれさまでした。

田中さんは、最近 英語を 習って いますか。

いいえ、中国語を 習って います。

英語と 中国語と どちらが 易しいと 思いますか。

英語の ほうが 易しいと 思います。

どうして ですか。

中国語の 発音は、英語より むずかしいと 思います。

やはり 四声が 難しいですね。

山田さん、外国語の なかで、何語が 易しいと 思いますか。
わたしは、いちばん 易しいのは、韓国語だと 思います。
どうして ですか。
いままで ずっと 習っていたので なれて いますからね。
それから、わたしには 韓国人の 友だちが
たくさん いるからです。

鈴木さんは、ソウルへは 行った ことが ありますか。
最近は、行って いませんが、
二年前 ソウル観光を した ことが あります。
秘苑(ビウォン)へも 行ったんですか。
もちろんですとも。あそこは、素適でしたね。

요약 해설

❶ ~と~と(では) どちらが~ですか : ~와~(와) 어느 쪽이~ ㅂ니까? (선택)

(우리말의 마지막「와」는 생략 가능)

~のほうが~です : ~쪽이 ~입니다

⇒ バスとタクシーとどちらが速いですか。
(버스와 택시랑 어느 쪽이 빠릅니까?)
金さんは演歌とポップスとどちらが好きですか。
(김씨는 일본가요와 팝송 중에 어느 쪽이 더 좋습니까?)
ポップスのほうが好きです。(팝송 쪽이 좋습니다.)

❷ より (조사 :~보다, 비교)와 ほど (조사 :~만큼, 정도)

⇒ 予定より早く (예정보다 빨리)
涙が出るほど (눈물이 날 정도로)
この会社であなたほどの努力家はいません。
(이 회사에서 당신만큼의 노력가는 없습니다)

❸ V의 用 + た ことが ある : ~ㄴ 적이 있다 (과거의 경험)

⇒ 若(わか)いときおもちゃの飛行機に乗ったことがある。
(나는 장난감 비행기를 타 본 적이 있다)
今までこんなすばらしい絵を見たことがありません。
(지금까지 이런 멋진 그림은 본 적이 없습니다.)

Cafe - 15

※ 편의점 (コンビニ)

일본에서는 편의점을 '콤비니(コンビニ)'라고 한다. 이곳은 식품을 비롯 잡화, 생활용품까지 판매하는 소매점으로 대부분 연중무휴 24시간 영업을 한다. 음료, 과자, 빵, 생활 잡화 등이 많다. 단, 술은 간판에 「酒」라고 표시되어 있는 콤비니에서만 판다. 고기와 생선 같은 신선식품 뿐 아니라 최근에는 독신자를 대상으로 채소와 과일 등을 파는 점포도 늘고 있다. 또 잡지 같은 류의 책도 다양하다. 그저 서서 잡지를 훑어보는(立ち読み)손님들도 많다.

26課 エアコンを つけても いいですか。

鈴木さん、このごろ 気温が すごく たかいですね。
今日の 気温は、きのうより 高く なる でしょうか。
たぶん 高く なる だろうと 思います。
何度 ぐらいになる でしょうか。
そうですね。天気予報に よると、きのう ウルサンの ほうは、37度まで 上がった そうです。なので、こっちも あまり変わらないと 思います。
たいへんですね。

いま 電力が なかなか 大きい 問題に なって います。
それで、政府では、特別な 節電対策を 立てて いると いうんですよ。
キムさんの 家庭では 節電するために、どう して いますか。
まずは、要らない ところでは 絶対 電気は つけて いません。
それから、できるだけ たまに エアコンを つけない
ようにして、主に 扇風機を 使って います。

うちの 家も、要らない 電気は 消せば いいですね。
いっしょに 電気の 節約を がんばらなくちゃ …。

大学の なかでは、たばこを すっても いいですか。
すっては いけません。禁煙区域です。
健康に けっして よく ないです。
これからは すわないで くださいね。
その かわりに、運動を すると、たばこは やめやすいですよ。
われわれ 人間は、運動を しなければ なりません。

山田さん、ちょっと うかがいますが、
お酒と たばこは、好きですか。
酒は 好きですが、たばこは 吸いません。
でも、酒は アルコール なしの ものも 飲みます。

요약 해설

❶ (V의 体) + には : ~하려면, ~하기 위해서는 (동작의 目的)

⇒ 結婚するには家が要る。(결혼하려면 집이 필요하다.)
子どもが遊ぶには、ちょっと遅い時間ですね。
(아이가 놀기에는 좀 늦은 시간이네요.)

❷ (V의 用) + てもいい : ~해도 좋다 (허가)
てもかまわない : ~해도 괜찮다 (허가)
てはいけない : ~해서는 안 된다 (금지)

⇒ 写真を撮(と)ってもいいですか。(사진 찍어도 됩니까?)
この映画は青少年が見てもかまわない。
(이 영화는 청소년이 봐도 상관없다.)
ここでタバコを吸ってはいけない。
(여기에서 담배를 피우면 안 된다.)

❸ 「ましょう」와 「でしょう」의 용법

(V의 用) + ましょう
(N, A · V의 終, Av의 어간, 조사 の) + でしょう (인토네이션에 따라)
: ~이지요, ~합시다, ~이겠지요 [의지, 추측, 의향 · 권유(か가 잘 붙음)]

⇒ お互いにいい友だちになりましょう。
(서로 좋은 친구가 됩시다.)
明日は晴れましょう。(내일은 개겠지요.)
外国人だから、日本語が下手でしょう。
(외국인이니까 일본어가 서투르겠죠.)
あなたはまだ未成年(みせいねん)でしょう？
(당신은 아직 미성년자죠?)
きれいだなあ。でしょう? (예쁜데. 그렇지요?)
でも、人がおおいでしょう。(하지만, 사람이 많을 거예요.)
彼女はたぶん来るのでしょう。(그녀는 아마 오겠지요.)

❹ お + (V의 用) + する : ～하다 (겸양표현)

-- 〈33과 경어표현〉 참조

⇒ 私がお読みします。(제가 읽겠습니다.)
これでよかったらお貸(か)しします。
(이것이 괜찮으면 빌려드리겠습니다.)

❺ (V의 終) + と : ～하면, ～한 즉, ～니까 (조건, 결과 표현)

-- 〈32과〉 참조

⇒ 春になるとお花が咲きます。
(봄이 되면 꽃이 핍니다.)
トンネルを抜(ぬ)けると、雪国(ゆきぐに)だった。
(터널을 빠져나오자 온통 눈세상이었다..)

❻ (V의 未) + ないでください : ~하지 말아 주십시오 (금지표현)

⇒ 危ないところで遊(あそ)ばないでください。
(위험한 곳에서 놀지 마세요.)
押(お)さないでください。(밀지 말아 주세요.)

❼ (V의 未) + なければならない
なくてはいけない
ないとだめだ
(~하지 않으면 안 된다. ~해야 한다, 당연, 의무 표현)

(* 축약현상 : なければ → なけりゃ → なきゃ, なくては → なくちゃ)

⇒ 約束は守らなければならない。
(약속을 지키지 않으면 안 됩니다.)
いくら辛くても我慢(がまん)しなくてはいけない。
(아무리 매워도 참지 않으면 안 된다.)
朝7時までに起きないとだめだ。
(아침 7시까지 일어나지 않으면 안 된다.)

❽ なかなか + 긍정 → 매우, 대단히 (= たいへん)
+ 부정 → 좀처럼

⇒ きょうはなかなか寒い。(오늘은 매우 춥다.)
なかなかいそがしいんです。(대단히 바쁩니다.)
窓がなかなか開(あ)かない。(창문이 좀처럼 열리지 않는다.)

Cafe - 16

※ 숙소 구하기

일본에는 우리와 달리 전세제도가 없다. 숙소계약은 우리와 마찬가지로 부동산 업체에서 이루어진다. 중개수수료는 월세 1개월분 이내로 정해져 있다. 방을 구할 때 자주 사용하는 말로 '오야(大家)'는 집주인을 말하며, '야칭(家賃)'은 집세를, '시키킹(敷金)'은 보증금을 말한다. 보증금은 임차기간이 끝났을 때 돌려받게 되지만 집의 일부가 파손이 생겨 보수해야 할 곳이 있으면 이 보증금에서 공제하고 차액만을 돌려받게 된다. 대체로 월세 1~ 2개월분 정도 낸다. 거기에 '레이킹(礼金)'은, 고맙다는 의미의 사례금으로 처음 입주할 때 2개월분의 월세를 지불해야 한다. 그러므로 입주할 때는 5~6개월분 정도의 목돈이 필요하게 된다.

27課 日曜日なのに、学校へ 行くんですか。

キムさん、あしたは 祝日なので、

区役所は やって いません。

そう なんですか。知らなかったです。

どう しよう …。あしたまでに、

かならず、書類を 出さなければ だめなのですが …。

それは、困りましたね。

きょう 日曜日なのに、学校へ 行くんですか。

はい、授業は ないですが、

レポートを 書く ために 行かなければ いけません。

それで 学校の 図書館へ 行きます。

図書館では、みんな 勉強して いますから、

静かに して ください。

ほかの 人の 邪魔に なっては いけませんね。

鈴木さん、いまから 授業が あるのに、うちへ 帰るの。

はい、 帰ります。

からだの 調子が 悪いからです。

きのう 一晩じゅう レポートを 書いて いたからです。

요약 해설

❶ 접속조사「から」「ので」「のに」의 용법

活의 終 + から : ~니까 (원인, 이유) - 주관적 (주절에 명령, 희망, 금지 등)

活의 体 + ので : ~ 때문에 (원인, 이유) - 객관적

活의 体 + のに : ~인데 (역접) - V의 終에 접속되는 경우도 있음

⇒ 好きだから、会(あ)います。(좋아하니까 만납니다.) -- 終

ここは安全なので大丈夫です。

(여기는 안전하므로 괜찮습니다.) -- 体

まだ5時なのに、もう暗くなりました。

(아직 5시인데도 벌써 어두워졌어.) -- 体

いまひまだのに、どうして来ないのだろう。

(지금은 한가한데 왜 안 오지.) -- 終

❷ 活의 体 + の。 : ~냐? ~이니? (질문, 가벼운 단정)

+ のです : ~ 것입니다 (단정, 주장)

活의 終 + からです : ~ 때문입니다 (원인・이유)

※ ~ のでです (×)

⇒ いま帰(かえ)るの。(지금 돌아가니?)

何をするの。(뭐 하니?)　　どうするのよ。(어떠니?)

いいと思うの。(좋다고 생각하니?)

かれが犯人(はんにん)なの。(그가 범인이야?)

去年まではガソリンがとても高かったのです。

(작년까지는 기름이 아주 비쌌습니다.)

雨が降(ふ)るからです。(비가 오기 때문입니다.)

いつもおせわになっているからです。

(항상 신세를 지고 있기 때문입니다.)

❸ 邪魔(じゃま)になる : 방해가 되다

⇒ 彼の頭が邪魔になって前がよく見えない。

(그의 머리가 방해가 되어 앞이 잘 보이지 않는다.)

cf) 「おじゃま(を)します」 : (남의 집을) 방문하다, 찾아뵙다

⇒ おじゃましてもよろしいですか。(찾아뵈어도 좋은지요?)

28課　雨が　降った　ようです。

山田さん、今朝　起きて　見たら　雨が　降った　ようです。

きのう　一日じゅう　雨が　降りました。

そして、かみなりも　なりました。

いまも　雨が　ふって　いる　らしいです。

道を　見ると、かさを　持って　行く　学生も　見える　からです。

田中さん、いまから　どこへ　行きますか。

しばらく　雨を　さける　ために、ブックストアへ　行きます。

ブックストアは　どこに　ありますか。

もとは、学生会館の　一階に　あったんですが、

となりに　移りました。

ああ、そうですか。

ブックカフェも　あるし、すごく　便利に　なりました。

なるほどね。

先生、だれか　来た　ようです。

ノックする 音が しますね。

学科事務室の 助手(じょしゅ)らしいです。

さきほど、いくつか まかせた 仕事が あるからです。

先生、ご講義が 2時から 始まるのでは ないでしょうか。

うん、そうか。

いま 2時 10分 過ぎです。先生!

ああ、忘れていた。ごめんなさい。

何人かは、休講だろうと 思って、帰った かもしれませんが。

えっ!

田中さん、むし暑いので なにか 飲みたく ないですか。

わたし、コーラの ような ものが ほしいです。

コーラですか。

ジュースは いかがですか。からだに いいのに。

ジュースって なにが ありますか。

いろんな ジュースが ありますが、

キーウィ ジュースは 美味しいです。

試して みます。

요약 해설

❶ 「ようだ」(助v)의 용법 -- <24과의 4번> 참조

(N) + の ようだ → ~와 같다 (비유)

〃 → ~와 같다 (예시)

(活의 体) + ようだ → ~ㄹ 것 같다 (불확실 단정)

❷ 「らしい」의 2가지 용법

(N, V · A의 終, Av의 어간) + らしい(助v) : ~인 듯하다, ~ㄹ 것 같다

(N) + らしい(接尾) : ~답다

⇒ 外は風が強く吹いているらしい。

(밖에는 바람이 세게 불고 있는 듯하다.) -- 助v

このレストランはおいしいらしいよ。

(이 레스토랑은 맛있을 것 같다.) -- 助v

このくにの国民(こくみん)の生活はたいへん自由らしいですね。

(이 나라의 국민 생활은 매우 자유스러운 것 같지요.) -- 助v

彼は人間らしい人間だ。(그는 인간답다.) -- 접미

学生は学生らしく一生懸命勉強しなければなりません。

(학생은 학생답게 열심히 공부하지 않으면 안 됩니다.) -- 접미

❸ (N, V·A의 終, Av의 어간) + かもしれない(ません) : ~일지도 모른다(모릅니다)

⇒ 彼の病気はガンかもしれません。
(그의 병은 암일지도 모릅니다.)
台風が来るかもしれません。(태풍이 올지도 모릅니다.)
フランスのワインはおいしいのが多いから、このワインもおいしいかもしれません。(프랑스산 와인은 맛있는 것이 많기 때문에 이 와인도 맛있을지 모릅니다.)
飛行機で行くより電車で行くほうが安全かもしれません。
(비행기로 가는 것보다 전철로 가는 편이 더 안전할지 모릅니다.)

❹ ~ じゅう(中) : (접미) 온~, ~전체 (= All, Every)

⇒ 世界中 (せかいじゅう, 온 세계), 一日中 (いちにちじゅう, 하루 종일)
一年中 (いちねんじゅう, 일 년 내내), 家中 (いえじゅう, 집안전체)

❺ 音(おと)がする : 소리가 나다

⇒ 外で変(へん)な音がした。(바깥에서 이상한 소리가 났다.)
ピアノの音がする。(피아노 소리가 나다)

cf) においがする。(냄새가 나다)
寒気(さむけ)がする。(한기가 들다.)

29課　チョコレートを　もらいました。

きょうは、田中さんの　誕生日です。

キムさんは、田中さんに　どんな　贈り物を
あげる　つもりですか。
ハンカチを　買って　あげる　つもりです。

田中さん、贈りものを　もらいましたか。
はい、もらいました。
だれから　もらいましたか。
キムさんに　ハンカチを　もらいました。
それから　鈴木さんから　チョコレートも　もらいました。

先生が　わたしに　辞書を　くださいました。
何の　辞書ですか。
韓日辞典を　くださいました。
韓国の　新聞を　読むには　きっと　必要な　辞典でしょう。

それは、よかったです。
田中さんは 先生に 辞典を いただいて よろこんで いました。

山田さんは 田中さんに 何を あげますか。
考え中です。実用的な 贈り物が いいですね。
はい、そうです。
彼の ために、なにが いいか 決めて お知らせします。

来週 5月 15日は 先生の 日です。
先生の 日に なにを さしあげますか。
そうですね。なにが いいかしら …。
ぼうしは、どうですか。
スポーツ用の ぼうしですか。
いいですね。先生は、運動が 大好きですから、
ぴったりですね。
それじゃ、それに 決定しました。

先生は 学生たちに ぼうしを 買って もらいました。

요약 해설

❶ 授受V (A:화자, B:상대) : 〈별지-6〉 참조

〔A=B〕 대등관계(동급)		〔A(손아래) < B(손위)〕
〔A→B〕 やる (주다, 보통어)	→	(さし)あげる (드리다, 겸양어)
〔B→A〕 くれる (주다, 보통어)	→	くださる (주시다, 존경어)
〔A←B〕 もらう (받다, 보통어)	→	いただく (받다, 겸양어)

⇒ ① AがBにお金をやる。
② AがBにお金を(さし)あげる。 (겸양)

③ BがAに人形をくれる。
④ BがAに人形をくださる。 (존경)

⑤(=③) AがBに人形をもらう。(に＝から)
⑥(=④) AがBに人形をいただく。(に＝から) (겸양)
--- 동작의 주체는 `に`앞의 B임

❷ 보조동사의 경우에도 동일함. (～てやる, ～てくださる 등)

⇒ AがBに日本語を教えてやる。
AがBに日本語を教えていただく。
(に ＝ から, 겸양, 'おしえる'의 주체는 'に'앞의 B)

❸ N のために：N 을(를) 위하여

⇒ あなたのために送別会(そうべつかい)が開(ひら)かれた。

(당신을 위하여 송별회가 열렸다.)

⇒ 老後(ろうご)のために貯金(ちょきん)する。

(노후를 위하여 저금한다.)

30課 人に 練習を させます。

ここは フィットネス センター(Fitness center)です。
みんな 一生懸命 運動を しています。
わかい 学生から 年を 取った 人まで おおぜい います。

わたしは、たいへん 太って います。
体重は 75キロ、背は 167センチです。
そのため、ダイエットしなければ いけません。
最終目標は、60キロまで 減らす ことです。

まずは、毎日 トレーナーが、基本的な 体操を させます。
それから ストレッチを 教えて くださいます。
それから ランニングの 走り方も 教えて くださいます。

わかりにくい ことが ありましたら、
なんでも 教えていただけます。
トレーナーは、親切に 説明して くださいます。

たまに、雨の 日は、サッカー 選手たちが
ここで 体力トレーニングを して います。
選手の 監督が ちょくせつ 指導して やります。
ときどき「かんばれ！」とか 「もういちど しろ！」という大きい声が 聞こえます。

先生、すみませんが、十分間 休ませて いただけませんか。
はい、わかりました。
きょうは 初日ですから、ちょっと つらいでしょう。
はい、たいへん つらいです。
十分 休んでから、いろいろな 運動器具の 動かし方を 教えて あげます。
じゃ、そろそろ 始めましょうか。
はい、よろしく お願いいたします。こちらも がんばります。

요약 해설

❶ 「せる」「させる」 표현

V의 未 + せる / させる + 5단, サ변 / 1단, カ변 ~하게 하다 (使役 표현)

(* サ변의 未 → される, させる, しない, せぬ)

⇒ 若いママは子供を一日中公園で遊ばせている。
(젊은 엄마는 아이를 하루 종일 공원에서 놀게 하고 있다.)
母は私に昔の写真を見させました。
(엄마는 나에게 옛날 사진을 보게 했습니다.)
社長(しゃちょう)は社員(しゃいん)に仕事(しごと)をさせる。
(사장님이 사원에게 일을 시킨다.)
教授がその学生を研究室へ来(こ)させる。
(교수님이 그 학생을 연구실로 오게 한다.)

❷ V의 未 + (さ)せていただく : ~하게 해주시다 (겸양)

* 상대방으로부터 허락을 받아서 행동함. (「~させてもらう」보다 더 겸양표현임)

⇒ では、みなさま、これから会議を始めさせていただきます。
(그럼, 여러분 지금부터 회의를 시작하겠습니다.)

cf) **행위 주체자(주어)와 V**

⇒ [私たち(A)は先生(B)から(=に)] いろいろお話を聞かせていただく。
私たち의 V =聞く = ⑥ -- <29과 참조>

= (先生が私たちに) いろいろお話を聞かせてくださる (= ④)

⇒ うかがわせていただきます。 (묻겠습니다.)

休(やす)ませていただきます。 (쉬겠습니다.)

失礼(しつれい)させていただきます。 (실례하겠습니다.)

終(おわ)らせていただきます。 (끝내겠습니다.)

V + (さ)せていただけませんか : ~하면 안 되겠습니까?
~ㄹ 수 있겠습니까? (최상겸양, 의향)

⇒ もう一曲(いっきょく)歌わせていただけませんか。

(한 곡 더 부르면 안 되겠습니까?)

すみませんが、ここでちょっと休ませていただけませんか。

(미안하지만, 여기서 잠시 쉬면 안 되겠습니까?)

❸ 동사(V)의 命令形

(V의 命) : 5단 → 어미 ウ단을 エ단으로 ⇒ かく → かけ
1단→ るを ろ、よ로 ⇒ おきる → おきろ、おきよ
たべる → たべろ、たべよ

くる → こい
する → しろ、せよ

❹ V의 用 + 方(かた) : (N) ~하는 법
(無탁)

⇒ 読み方, 話し方, 使い方, やり方, 足の動(うご)かし方, タイミングの取り方, 行き方, 作り方

31課 母に しかられました。

田中さん、どうか したんですか。

かなしそうな 顔を して いますね。

ええ、きょう 母から 叱られました。

どうして ですか。

今朝 起きるのが 遅かったからです

山田さんは、気分が よさそうな 顔を して いますね。

山田さんは、きょう いいことを して 先生から ほめられました。

どうして ですか。

レポートを 上手に 書いて ほめられました。

田中さん、きょう 元気 なさそうに 見えますよ。

なにか あったんですか。

きのう バスの 中で 財布を 盗まれました。

おかねは あまり 多く なかったんですが、

パスポートが ありまして。

それは、さいなんでしたね。

あす　大使館へ　できるだけ　早く　申告しようと　思います。
それが　いいですね。

夕がた　うちへ　帰る　途中、
きゅうに　雨に　降られて　しまいました。
それに　雷も　なりました。
たいへん　こわかったです。
このごろは、天気が変わりやすいですよね。

おひるに、そば屋さんに　行きました。
一時間　ぐらい　待たせられました。新しい　そば屋さんで
お客さんが　多く　集まって　いたからです。
けっこう　おいしかったですよ。

今晩、わたしは、きゅうに　約束が　できて
お酒を　飲まされる　ことに　なりました。
そうですか。どんな　約束ですか。
軍隊に　行って　いる　友だちが
きゅうかを　もらって　来ました。
楽しみですね。
久しぶりに　お酒を　飲まされます。仕方が　ないですね。

요약 해설

❶ 助V (ら)れる(受身) : 〈23과의 1번〉 참조

-- 猫와 鼠의 관계!

くわれる(**잡아먹히다**)

⇒ しかる → しかられる　　ほめる → ほめられる
しょうたいする → しょうたいされる　　ふむ → ふまれる
父がしぬ → 父にしなれる　　雨がふる → 雨にふられる,
すりがする → すりにすられる

❷ V의 未 + う : 5단　(1)의지 (～려고 하다, ～겠다)
+ よう : 이외V　(2)권유 (～하자, ～ㄹ까?)
(3)추측 (～것이다) * 〈19과 참조〉

* 未然形에는 「ない형(부정형)」「う형(의지형)」 두 가지 형이 있다. 여기서는 「う형」을 말함, (즉, 5단 : ウ段→オ段,　1단 : 「る」탈락, くる : こ, する : し로 바꾸면 됨.)

⇒ 書こう,　起きよう,　食べよう,　来(こ)よう,　しよう

* 助v의 未 -- ます→ましょう,　です→でしょう,　だ→だろう,　た→たろう

❸ (V의 未) + (さ)せる(使役) + られる(受身) → (さ)せられる]
(V의 未) + す(使役, 文語助V) + れる → される]
: 본의 아니게 (마지못해)~하게 되다

⇒ ┌ 飲む＋せる＋られる → 飲ま せ られる (마지못해 마시다) (a)
└ 飲む＋す＋れる → 飲ま さ れる (〃) (b)
┌ 待つ＋せる＋られる → 待た せ られる (본의 아니게 기다리다) (a)
└ 待つ＋す＋れる → 待た さ れる (〃) (b)

* 구어체의 경우에, (b)와 같이「される」로 사용되는 일이 많다.

⇒ 私は母にテレビを消(け)させられた。
(나는 어머니가 꺼라고 해서 할 수 없이 TV를 껐다.)
子供が母にきらいなものを食べさせられて泣いている。
(아이가 엄마 때문에 싫어하는 것을 먹고 울고 있다.)
先輩に無理にお酒を飲まされた。
(선배로 부터 무리하게 술을 마시게 되었다.)
あの人に1時間も待たされた。
(그 사람을 한 시간이나 기다리게 되었다.)
彼にはいつも笑わされてばかりいるんです。
(그이만 보면 늘 웃을 수밖에 없습니다.)

32課 ロトに 当たったら、なにが ほしいですか。

鈴木さん、日本にも ロトくじが ありますか。

はい、もちろん あります。

韓国と 同じです。

ロトくじを 買いますか。

たまに 楽しみで 買います。

ロトくじに 当たったら、なにが ほしいですか。

ええ、当たったら、立派な タブレット PCが ほしいです。

キムさん、いよいよ 紅葉の 季節に なりましたね。

ばんしゅう(晩秋)に なると、紅葉は ほんとうに きれいです。

韓国の 紅葉は きれいでしょう。

日本の 紅葉も とても 美しいです。

わたしは、最近 箱根の ほうに もみじ狩りに 行って 来ました。

ほんとうですか。うん、うらやましいです。

近所の 幼稚園の 教室です。

みなさん、一から 十まで 数えましょう。

いち、に、さん、 し、ご、ろく、しち、はち、きゅう、じゅう

全部 数えました。

みなさん、一に 三を たせば いくつですか。

四です。

十二を 六で われば いくつですか。

二です。

みなさん、よく できました。

キムさんは、金持ちに なったら、何が したいですか。

まずは ですね、国内の 見どころに 行きたいです。

それから、世界 いっしゅうが したいです。

たとえば、日本を始め アジア、アメリカ などに 行きたいです。

ああ、忘れて いた。スイスは、ぜひ 行きたいですよ。

アルプスに のぼったり 赤い電車に 乗ったり したいですね。

あとは ですね、田舎に もどって 農村の 生活が したいです。

田や 畑を たがやして 幸せに くらしたいです。

体が だいじょうぶなら なんでも できるでしょうね。

キムさんは、ロマンチックな 人ですよね。

요약 해설

※ 조건·가정의 표현

ば	と
なら	たら

❶ (V의 仮 / A의 仮 / Av의 仮) + ば → ~하면 **[일반사실, 진리, 과거(×)]**

⇒ 1に2を足(た)せば三です。(1에 2를 더하면 3입니다.)
日(ひ)がのぼればあかるい。(해가 뜨면 밝다)
春になれば、家の前の桜の花が咲く。
(봄이 되면 집 앞에 있는 벚꽃이 핀다.)

❷ (活의 終 + と) → **~자, ~ ㄴ즉, ~니까**
[구체적 상황 설명, 성립즉시 유발, 과거(×)]

* (活) → V·A·Av·助v

⇒ 油(あぶら)が切(き)れると音がした。
(기름이 떨어지자 소리가 났다.)
ドアが開(ひら)くとどっとお客が入り込んだ。
(문이 열리자 우르르 손님이 들이닥쳤다.)

雨が止むと、空が晴れて明るくなった。

(비가 그치자 하늘이 개어 환해졌다.)

❸

N V의 終 A의 終 Av의 어간	+ なら → ～라면 (성립을 전제로 취함, 시제무관)

⇒ 酒(さけ)なら何でもすきだ。(술이라면 뭐라도 좋아한다.)

もし私がお金持ちなら、世界旅行がしたい。

(만약 내가 부자라면 세계여행을 하고 싶다.)

二十歳になっならタバコを吸ってもいいです。

(스무 살이 되면 담배를 피워도 좋습니다.)

体が丈夫なら、どんな仕事でもできる。

(몸이 튼튼하면 어떤 일이라도 할 수 있다.)

❹

N だっ V의 用 A의 用(かっ) Av의 用(だっ)	+ たら → ～ㄴ 다면 (주관표현, 문말에 명령, 권유, 희망 등, 시간적 先後, 시제무관)

⇒ 授業が終わったら帰りなさい。

(수업이 끝나면 돌아가요.)

天気が悪かったら、山登りはやめましょう。

(날씨가 나쁘면 등산은 그만둡시다.)

中村さんも元気だったら、きてくれたでしょう。

(나카무라씨도 건강했더라면, 와 주었겠지요.)

33課　お名前を　お書きに　なって　ください。

いらっしゃいませ。

一週間まえ、予約して　おいた　ツジムラと　申しますが　…。

はい、ツジムラ様で　ございますね。

チェックインを　お願いします。

ここに　住所と　お名前を　お書きに　なって　ください。

これで　いいですか。

はい、よろしゅう　ございます。

二泊三日で　ございますね。

洋室と　和室の　うち、どちらに　いたしましょうか。

和室で　お願いします。

朝食つきで　ございますね。

はい、朝食つきです。

だれか　わたしを　訪ねて　来ませんでしたか。

先ほど、村上様と　いう　方が　お見えに　なりました。

午後　3時にロビーでお待ちしているとのことで　ございます。

ああ、そうですか。どうも　ありがとう。

部屋は　502号室で　ございます。
ご案内　いたします。この　エレベーターを　ご利用　ください。
五階で　ございます。あちらの　廊下を　ずっと　まっすぐ　お進みください。
はい、どうも　ありがとうございます。

山田先生、よく　いらっしゃいました。
村上先生、これは、ひさしぶりですね。
空港まで　迎えに　まいる　つもりでしたが、研修団のための　講義が　ありまして、どうも　失礼いたしました。
いや、大丈夫です。
空港から　タクシーで　おいでに　なったんですか。
ええ、タクシーで　来たんです。
さいわいにも　道も　こんで　いなかったです。

こんばん　夕食の　お約束は、ございますか。
交流センターの　チン先生との　お食事で　ございますが、お供いたしましょうか。
ええ、わかりました。

チン先生、おひさしぶりですね。

山田先生、おひさしぶりです。
あい変わらず、お元気ですか。
おかげさまで 元気です。
お食事は 何に なさいますか。
なんでも かまいません。
おさしみは いかがでしょうか。はい、いいです。
それじゃ、さしみに いたしましょう。

山田先生、きのうの 新聞を お読みに なりましたか。
いいえ、まだ 読んで いないです。
このごろ 新聞を 読む 暇が ありません。
たいへん いそがしいです。
先生の お書きに なった コラムが 新聞に 出て いました。
ああ、そうですか。
わたしは 長い間 定期的に コラムを 書いて いるんです。
人間の 人生に ついての 内容でしょう。
それに 人間の 幸福の ことも 書いて います。
これから きびしい ご評価を お願いいたします。
はい、かしこまりました。

先生、あした 何時の 飛行機でしょうか。
朝 10時です。
それでは、あす 早く ホテルから ご出発 なさいますね。

はい、こんばん 手荷物を まとめなくては いけません。

お帰りの チケットを 買われましたか。

もう 買って あります。

先生、あしたは 空港まで お見送り 申し上げます。

わざわざ すみませんね。いそがしいのに。

いいえ、どういたしまして。

요약 해설

❶ 기본적인 「경어」 정리 (<별지-5> 참조)

❷ ~との こと : ~라는 것 (伝聞, ~ということ)

⇒ この度、試験にパスなされたとのこと、ほんとうにおめでとうございます。
(이번에 시험에 합격하셨다는데 정말로 축하드립니다.)

❸ Nの こと : Nに 対(たい)する こと (N에 대한 것)

⇒ 死んだ恋人(こいびと)のことを思い出すと、胸が張(は)りさけそうだ。
(죽은 연인의 일을 생각하니까 가슴이 메여 터질 것 같다.)
病気の妻のこと、子供の学費(がくひ)のことを考えれば、わたしは節(せつ)をまげざるをえなかった。
(병든 아내, 아이들 학비를 생각하면 나는 신념을 굽히지 않을 수 없었다.)
これはぼくたち二人のことなんだ、第三者は黙ってくれないか。
(이건 우리 두 사람의 일이다, 제 3자는 가만히 있어 주지 않을래?)

❹ N + に する : N 로 하다
(N に なさる : 존경어, N に いたす : 겸양어)

⇒ 私はアイスコーヒーにします。(나는 아이스커피로 하겠어요.)
私は手作りのお寿司(すし)にします。
(나는 직접 만든 스시로 하겠어요.)

34課　電話番号は 何番でしたっけ。

先生は 何時の 飛行機で 出発されるん だったかなあ。

そうですねー。何時だったかしら。

田中さんは 覚えてるかい。

えーと、十一時 十分 発だ そうです。

それじゃ、まだ 時間が かなり ありますよね。

そちらの カフェで コーヒーでも 飲んで 行きましょうか。

はい、行きましょう。

鈴木さん、どうですか。

うん、いいですよ。

いらっしゃいませ。何に なさいますか。

私は ホット·アメリカンです。田中さんは 何に します。

わたしは アイス·コーヒーだ。

鈴木さんは。

わたしは オレンジ·ジュースに するわ。

かしこまりました。ホット·アメリカンと アイス·コーヒーとオレンジ·ジュースで ございますね。

お待たせいたしました。ホット・アメリカンは どちら様ですか。
わたしです。
アイスコーヒーは こちら様ですか。
はい、そうです。
オレンジ·ジュースは わたしです。

先生には ずいぶん お世話に なりました。
そうですね。ほんとうに まじめな 先生だったわ。
きびしい 先生でしたけれど、とても 親切に 教えて くださった
なあ。
そうですよね。
さあ、そろそろ 行きましょうか。
お会計は いくらかしら。
わたしたちが 払いますから、鈴木さんは いいですよ。
そうですか。それじゃ、こちそうに なりますわ。
どうも ごちそうさまでした。

やあやあ。みなさん、わざわざ 見送りに 来て くれて、
どうも ありがとう。
先生、長い間 ほんとうに お世話に なりました。

おく様にも よろしく お伝えください。

みなさん! 電話番号は 何番でしたっけ。

ちょっと メモしときますわ。

じゃ、みなさんも 元気でね。さようなら。

先生、さようなら。お元気で。お体を お大事に。

요약 해설

❶~かい (~ㄴ 가?, 질문, 친한 사이, 남성어)
⇒ だいじょうぶかい。(괜찮은가?)

~(よ)うか (~ㄹ까?, 의향)
⇒ 行こうか。(갈래?) いまたべようか。(지금 먹을까?)

~だ (~로 하다)
⇒ 私はコーヒーだ。(나는 커피다.)

~わ (가벼운 주장, 여성어, 상냥한 말씨)
⇒ いかないわ。(안 갈래.)
どこでもいきたいわよ。(어디라도 가고 싶어.)

~なあ (な의 강세, 감탄, ~이군, 이구나)
⇒ ほんとうにきれいだなあ。(정말 아름답군)
はやくみたいなあ。(빨리 보고 싶구나)

~かなあ (~이더라?, 의문시, 현재)
⇒ 男かなあ。(남자인가?)

~だったかなあ (~이었더라?, 의문시, 확인, 과거)
⇒ いくつだったかなあ。(몇 살이었더라.)

~かしら (~일까?, 의문시, 여성어)
⇒ ほんとうかしら。(정말일까?)
どうなるかしら。(어떻게 될까?)

~っけ [~었었지 (잊었던 일을 그리워하는 기분), ~이지? (분명하지 않은 것을 질문하거나 확인)]

⇒ そんなこともあったっけ。(그런 일도 있었었지.)

⇒ なまえはなんだっけ。(이름이 뭐랬더라. 뭐였었지?)

⇒ 電話番号(ばんごう)はなんばんでしたっけ。(전화 번호 몇 번이었지요?)

부 록

〈별지 1〉 동사(動詞, Verb)

〈별지 2〉 동사(기본어휘)와 音便 연습

〈별지 3〉 형용사(形容詞, A)

〈별지 4〉 형용동사(形容動詞, Av)

〈별지 5〉 일본어의 경어(敬語)

〈별지 6〉 수수(授受)동사(GIVE and TAKE)

<별지 1> 동사(動詞, Verb)

1. 특징

① 사물이나 사람의 동작, 상태, 존재를 표시.

② 기본형어미(語尾)가 う,く,ぐ,す,つ,ぬ,む,ぶ,る로 전부 「ウ段」으로 끝남.

③ 自立語로 어미(語尾)가 활용한다.

2. 활용형의 종류 (7가지)

① 未然形 : ない(~지 않다, 부정)등에 접속되는 꼴.(「ない形」이라고도 함)

② 連用形 : ます(~ㅂ니다, 정중), て(~고, ~서), た(과거), たり(~이기도하고, 나열)등에 되는 꼴.(「ます形」「て形」이라고도 함)

③ 終止形 : 문장이 끝나는 꼴. '~ (ㄴ)다'로 해석.

④ 連体形 : 명사(体言)에 접속되어 수식하는 꼴. いくひと(가는 사람), いくとき(가 ㄹ 때), いくまえ(가기 전에)로 해석.

⑤ 仮定形 : 조사 ば(~면)에 접속되는 꼴.(「ば形」이라고도 함)

⑥ 命令形 : 명령으로 끝나는 꼴.

⑦ 意志形 (未然形) : う,よう에 접속하여 의지, 추측, 권유의 뜻을 갖는 꼴. (「う形」이라고도 함)

3. 동사의 종류 (5가지)

① 5단활용 동사

· 기본형어미는 마지막 하나.

· 판별방법 : う,く,ぐ,す,つ,ぬ,む,ぶ로 끝나는 것.

る로 끝나는 것 中, 바로 앞이 ア,ウ,オ段인 것.

· 다섯 단에 걸쳐 활용. (ア,イ,ウ,ウ,エ,エ,オ단으로)

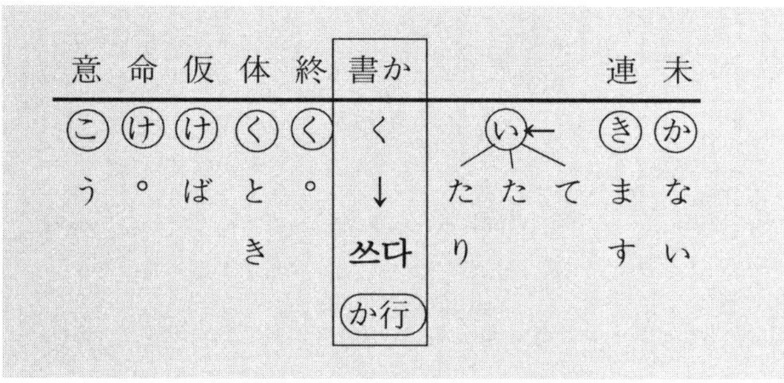

② 上1단 동사

· 기본형어미는 마지막 두 개.

· 판별방법 : 어미가 `イ段+る`로 끝남.

る 바로 앞이 イ段인 것.

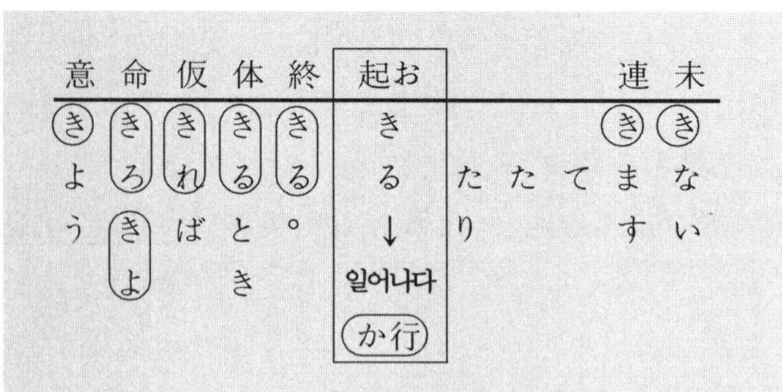

③ 下1단 동사

- 기본형어미는 마지막 두개.
- 판별방법 : 어미가 `エ段+る`인 것.
  る 바로 앞이 エ段인 것.

意	命	仮	体	終	食た				連	未
べよう	べろ べよ	べれば	べるとき	べる。	べる ↓ **먹다** (ば行)	たり	た	て	べます	べない

④ か행변격 동사

- '来(く)る' 하나밖에 없다.
- 어간과 어미는 분리 못한다.
- 활용이 カ行에서 변칙적이다.

意	命	仮	体	終					連	未
こよう	こい。	くれば	くるとき	くる。	くる ↓ **오다** (か行)	たり	た	て	きます	こない

⑤ さ행변격 동사

- 'する' 하나뿐이다.

· 어간과 어미는 분리 못한다.
· 활용이 さ行에서 변칙적이다.
· 앞에 명사를 붙여 많은 'する동사'를 만든다.

⇨ 運動する(운동하다),　愛する(사랑하다),
　勉強する(공부하다),　散歩する(산책하다)

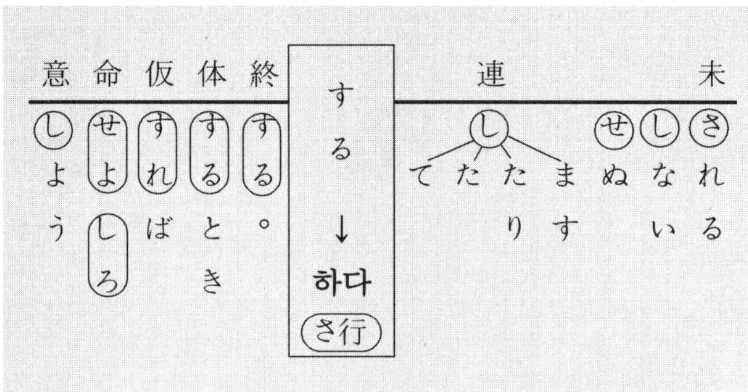

※ 위의 판별 방법중, <예외>가 있다. (다음 동사는 5단동사임)

⇨ 入(はい)る(들어가다), 帰(かえ)る(돌아가다), 知(し)る(알다),
走(はし)る(달리다), 参(まい)る(가다, 오다), 要(い)る(필요하다),
切(き)る(자르다), 減へる(줄다), 滑(すべ)る(미끄러지다),
照(て)る(비치다)

〈별지 2〉 동사(기본어휘)와 音便연습

┌動作 -- 歩(ある)く 泳(およ)ぐ 笑(わら)う 磨(みが)く 転(ころ)ぶ
│状態 -- 思(おも)う 疲(つか)れる 驚(おどろ)く 晴(は)れる 消(き)える
└存在 -- ある いる

5段V

ならう おもう かう あう すう うたう ちがう あらう つかう もらう わらう はらう はなしあう ひろう しまう ぬう

いく あるく ふく はたらく みがく ひらく ひく おどろく はく さく まく あく やく つづく なく つく

およぐ さわぐ いそぐ

はなす かす だす うつす わかす なおす かえす さす たす けす つるす おとす たがやす

まつ もつ たつ うつ

しぬ

よむ のむ やすむ たのむ ぬすむ とむ あむ しずむ

いふ(文語)

あそぶ よぶ よろこぶ とぶ はこぶ ならぶ ころぶ

わかる のる ふる とる なる かる うる とまる もとる くもる そる あやまる おわる かぶる かかる しまる ひかる はる かざる わる のこる さがる まがる

<예외의 5단V>

帰(かえ)る 入(はい)る 知(し)る 走(はし)る 切(き)る 要(い)る 参(まい)る 減(へ)る 滑(すべ)る 照(て)る

上一段V

おきる きる みる おりる かりる できる あびる のみすぎる

下一段V

たべる ねる こたえる おしえる つかれる あげる さげる でる でかける はれる わかれる つとめる すてる かんがえる よごれる あける しめる とめる みせる つける かたづける はめる はえる いれる まける うける きえる たてる きこえる ならべる おぼえる みえる わすれる たおれる たてる やめる くずれる あつめる しらべる

カ行変格V 来(く)る

サ行変格V N+する：
運動する, 愛する etc

〈별지 3〉 형용사(形容詞, A)[1)]

(1) 사물의 성질 · 상태를 나타낸다. (대부분 반대어가 있다.)

⇒ 성질 : 暑(あつ)い ↔ 寒(さむ)い

상태 : 青(あお)い ↔ 赤(あか)い

(2) 기본형은 반드시 「～い」로 끝난다. (우리말은 「~다」로 끝난다.)

(3) 모델은 「～い」이외 「～しい」「～らしい」「～ましい」「～くさい」「～ない」「～ぽい」「○～○～しい」의 형으로 된 것이 많다.[2)]

(4) 홀로 자립할 수 있으며(自立語), 술어(述語)가 될 수 있다.

(5) 활용어미는 「い」이고, 다음과 같이 활용한다. 종지형 · 연체형은 기본형과 같다. 단, 명령형은 없다.[3)]

(활용명칭 → 未然形 · 連用形 · 終止形 · 連体形 · 仮定形 · 命令形)

⇒ 星が明るい。 (별이 밝다.)

青い空, 天(あま)の川(がわ)。 (푸른 하늘 은하수.)

---

1) 「형용사」의 명칭은 「い형용사」「형용사 I」이라고도 하다.

2) 형용사의 「送(おく)り仮名(がな)」는 특이하다.

⇒ 高(たか)い, 新(あたら)しい, 少(すく)ない, 慎(つつ)ましい, 素晴(すば)らしい

3) 명령형으로 굳이 말하고 싶을 때에는 「~くする。」(연용형) 로 바꾸어서 표현하자. 「~くせよ。」「~くしろ。」「~くしなさい。」

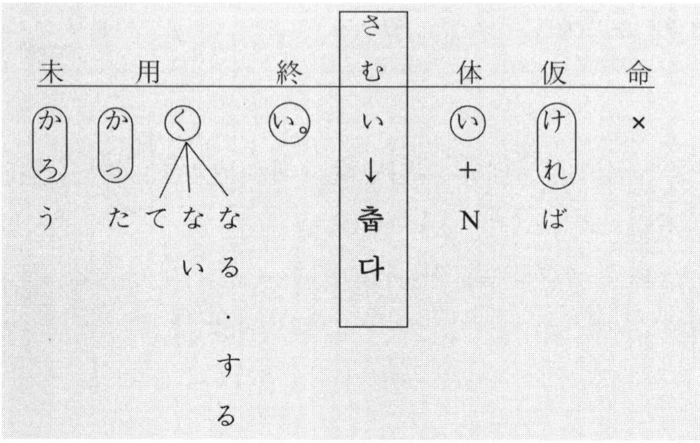

⇒ さむい (춥다)

さむかろう (추울 것이다, =공손어 さむいだろう, さむいでしょう)

さむかった (추웠다)　　さむくて (추워서)

さむくない (춥지 않다, = 공손어 さむくないです, さむくありません)

さむくなる (추워지다)　　さむくする (춥게 하다)　さむい。(춥다)

さむいとき (추울 때)　　さむければ(춥다면)

(6)「명사」로 만들 수 있다.(「さ」「み」「け」를 접속함. 「み」「け」는 적음)

⇒ 女らしさ(여자다움), 悲(かな)しさ(슬픔), 甘(あま)さ(달기)

-- 속성(-ness,-ship)

重さ(무게), 長さ(길이), 大きさ(크기), 広さ(넓이), 寒さ(추위), 暑さ(더위)　　-- 尺度, 정도

重み(중후함), 親(した)しみ(친밀감), 暖かみ, 面白み, 弱み, 深み　　-- 맛, 취향(taste, touch)

寒け(한기), 眠け(졸리움), 色け(성적매력)　-- 경향, 느낌(touch)

(7) 「동사」로 만들 수 있다.(「～い」 → 「～がる」로 바꾼다)

⇒ 恐(こわ)い (무섭다) → こわがる (무서워하다)

可愛(かわ)いい (귀엽다) → かわいがる (귀여워하다)

暑い (덥다) → 暑がる (더워하다)

面白い (재미있다) → 面白がる (재미있어하다)

悲(かな)しい (슬프다) → 悲(かな)しがる (슬퍼하다)

(8) 복합의 「형용사」를 만든다.

· 동사 연용형 + やすい : ～기 쉽다

⇒ 読(よ)む → 読みやすい (읽기 쉽다)

· 동사 연용형 + にくい : ～기 어렵다

⇒ 書(か)く → 書きにくい (쓰기 어렵다)

· 동사 연용형 + よい : ～기 좋다

⇒ 住(す)む → 住みよい (살기 좋다)

(9) 연체수식어는 「～い」나 「くの」를 사용한다.

⇒ 多い大学 -- 多くの大学

(10) 형용사의 음편형(音便形)

형용사에 「～ございます」「～ぞんじます(思います, 知っています의 겸양)」가 연결될 때, 연용형 「～く」가 「～う」로 변한다.

① 어미만 변하는 것 : さむい, おおい

⇒ さむい → さむくございます → さむうございます

② 어간의 일부와 함께 요음(拗音)이 되는 것 : よろしい, うれしい, たのしい, かなしい

⇒ よろしい → よろしくございます → よろしゅうございます

③ 어간의 일부도 변화하는 것 : ありがたい, はやい, たかい

⇒ ありがたい → ありがたくございます → ありがとうございます

(11) 형용사 어휘 (1010종)

⇒ 의미분류 : 색갈, 맛, 모습, 감정 등

형태분류 : 「~い」이외 「~しい」「~かい」「~らしい」「~ましい」「~くさい」「~ない」「~ぽい」「○~○~しい」

「~い」

赤(あか)い ↔ 青(あお)い, 白(しろ)い ↔ 黒(くろ)い

黄色(きいろ)い

大(おお)きい ↔ 小(ちい)さい, 高(たか)い - 비싸다 ↔ 安(や す)い - 싸다

長(なが)い ↔ 短(みじか)い, 太(ふと)い ↔ 細(ほそ)い

熱(あつ)い - 뜨겁다 ↔ 冷(つめ)たい - 차다

暑(あつ)い ↔ 寒(さむ)い, 面白(おもしろ)い ↔ 詰(つ)まらない

良(い)い ↔ 悪(わる)い, 良(よ)い ↔ 悪(わる)い

近(ちか)い ↔ 遠(とお)い, 多(おお)い ↔ 少(すく)ない

甘(あま)い - 달다 ↔ 辛(から)い - 맵다 塩辛(しおから)い

すっぱい - 시다 苦(にが)い - 쓰다, 重(おも)い ↔ 軽(かる)い

痛(いた)い, 可愛(かわい)い, 強(つよ)い ↔ 弱(よわ)い

甘(あま)い ↔ 厳(きび)しい, 若(わか)い

広(ひろ)い ↔ 狭(せま)い, 高(たか)い - 높다 ↔ 低(ひく)い - 낮다

厚(あつ)い - 두껍다 ↔ 薄(うす)い - 얇다

汚(きたな)い ↔ きれいだ, 清(きよ)い, 早(はや)い ↔ 遅(おそ)い

明(あか)るい ↔ 暗(くら)い, 濃(こ)い ↔ 薄(うす)い

怖(こわ)い ↔ 優(やさ)しい, 酷(ひど)い

辛(つら)い - 괴롭다

すごい - 굉장하다, 대단하다

広(ひろ)い ↔ 狭(せま)い

深(ふか)い ↔ 浅(あさ)い, するどい, 眠(ねむ)い

「~しい」

易(やさ)しい ↔ 難(むずか)しい, 新(あたら)しい ↔ 古(ふる)い

美味(おい)しい ↔ 不味(まず)い, 欲(ほ)しい

楽(たの)しい ↔ 苦(くる)しい, 忙(いそが)しい ↔ ひまだ

嬉(うれ)しい ↔ 悲(かな)しい, 悔(くや)しい - 분하다

涼(すず)しい - 서늘하다, 寂(さび)しい - 한적하다 ↔ 賑(にぎ)やかだ - 번화하다

正(ただ)しい, 倹(つま)しい - 검소하다

恋(こい)しい - 그립다, 乏(とぼ)しい ↔ 豊(ゆた)かだ

眩(まぶ)しい, はずかしい

恐(おそ)ろしい ↔ 優(やさ)しい, 懐(なつ)かしい 그립다

慕(した)わしい, 夥(おびただ)しい - 많다, 과다하다

「~かい」

暖(あたた)かい, やわらかい

「～ましい」

うらやましい，のぞましい，慎(つつ)ましい ↔ 図々(ずうずう)しい

「～らしい」

めずらしい - 드물다，素晴(すば)らしい，誇(ほこ)らしい
ばからしい，かわいらしい

「～くさい」

けちくさい，ふるくさい，めんどうくさい

「～ない」

みっともない，おぼつかない，なさけない，もったいない - 아깝다
危(あぶ)ない ↔ 安全だ，足(た)りない

「～ぽい」

あだっぽい，いろっぽい，わすれっぽい

「○～○～しい」

おもおもしい，ずうずうしい，そうぞうしい，ばかばかしい

기타

物凄(もの)すごい，凄(すさ)まじい

〈별지 4〉 형용동사(形容動詞, Av)[4]

(1) 사물의 성질 · 상태를 나타낸다. (대부분 반대어가 있으며,「형용사」의 의미와 흡사하다.)

(2) 기본형은 「～だ」로 끝난다.(우리말도 「～다」로 끝난다)

(3) 모델은 「～だ」 「～かだ」 「～らかだ」 「～やかだ」의 형으로 된 것이 많다.

(4) 활용어미는「だ」이다.[5]

(5) 다음과 같이 활용한다. (종지형은 기본형과 같다. 그러나, 명령형은 없다. 활용형은 未然形 · 連用形 · 終止形 · 連体形 · 仮定形이 보인다.)

未	用			終	きれい	体	仮	命
(だろ)う	(だっ)た	(で)+ない・ある	(に)+なる・する	(だ。)	だ ↓ 깨끗하다	(な)+N	(なら)(ば)	×

---

4)「형용동사」의 명칭은「ナ형용사」「제2형용사」「명사형용사」라고도 말한다.

5) 이 품사는, 일한사전에는 [形動ダ] [ダナ] [ダナノ] 와 같이 표시되어 있으므로 주의하자. ⇒ にぎやか[賑やか] [形動ダ], しずか[静ずか] [ダナ], しんせん(新鮮) [ダナノ]

⇒ きれいだ (깨끗하다)

きれいだろう (깨끗할 것이다, 공손어 きれいでしょう)

きれいだった (깨끗했다) きれいである (깨끗하다, 문장어)

きれいでない (깨끗하지 않다, 공손어 = きれいではないです, きれいではありません)

きれいになる (깨끗해진다) きれいにする (깨끗하게 하다)

きれいだ。(깨끗하다)

きれいなとき (깨끗할 때)

きれいなら(ば) (깨끗하다면)

(6) 「명사化」할 수 있다. (Av의 어간에 「さ」「み」를 접속함 --「み」가 붙는 어휘는 적다. 또 어간이 「~的」으로 끝날 때에는 「さ」를 붙일 수 없다.)

⇒ 便利(べんり)さ, 静(しず)かさ, 華(はな)やかさ, 親切(しんせつ)さ, 積極(せっきょく)さ, 素朴(そぼく)さ, 豊(ゆた)かさ, 真面目(まじめ)さ, 新鮮(しんせん)み, * 自動的さ(×)

(7) 「동사」化 할 수 있다. (「~だ」→「~がる」로 바꾼다)

⇒ 嫌(いや)だ (싫다) → 嫌がる (싫어하다)

不思議(ふしぎ)だ (이상하다)

→ 不思議がる (이상해 하다)

得意(とくい)だ (자신만만하다)

→ 得意がる (자신만만해 하다)

億劫(おっくう)だ (귀찮다, 마음이 내키지 않다)

→ おっくうがる (귀찮아하다)

豪傑(ごうけつ)だ (통이 크다, 대담하다)

→ 豪傑がる (대담해 하다)

(8) **「Av(형용동사)」와 「N(명사)+だ」의 구별방법**

Av의 어간은, 경우에 따라 N로도 사용 가능하다. 그렇지만 N에 전부「~だ」를 붙여 사용할 수는 없다. 그것은 語意가 사물의 상태와 성질을 나타내기 때문이다. 간단히 구별하는 방법으로 앞자리에「부사」를 붙여 문맥이 자연스럽다고 생각되면 Av가 될 수 있고, 그렇지 못하면 단순히「N+だ」로 보면 된다.

⇒ 私は とても 幸福だ。(○ ⇒ Av)
(나는 매우 행복하다.)
ここは とても ウルサンだ。(× ⇒ N+だ)
(여기는 매우 울산이다.)

(9) 특수하게 활용하는 「同じだ」는 연체형이 없다. (단, 조사 「ので」 「のに」 「の」는 「な」에 접속됨.)
⇒ 同じクラス(○) -- 同じなクラス(×), 同じ子供(○) -- 同じな子供(×), 同じなので(○), 同じなのに(○), 同じなの(○)

(10) A(형용사)의 어간과 Av의 어간이 같은 어휘도 있다.
⇒ 柔(やわ)らかい -- 柔らかだ, 真(ま)ん丸(まる)い -- 真ん丸だ, 四角(しかく)い -- 四角だ, 暖(あたた)かい -- 暖かだ, 真(ま)っ白い -- 真(ま)っ白だ, 真(ま)っ青(さお)い -- 真(ま)っ青だ, 細(こま)かい -- 細かだ

(11) Av의 어간과 N가 동일한 어휘가 있다.

⇒ 健康(けんこう)な体 -- 健康の体

幸(しあわ)せな家庭 -- 幸せの家庭

(12) Av의 어간으로 글을 끝맺을 수 있다.

⇒ まあ、きれい。 (예쁘구나.) やあ、すてき。 (야, 멋져.)

もう、けっこう。 (이제 그만.) ああ、大変。 (야, 큰일이야.)

それは、残念。 (정말, 안됐네.)

(13) 형용동사(Av)의 어휘들 (108종)

형용동사는 일본고유系(和語) · 한자어系(漢語) · 1字한자어系 · 외래어系로 분류할 수 있다. 특히 일본고유系에는 「～かだ」「～らかだ」「～やかだ」등과 같이 독특한 형태가 많이 보인다. 그것이 「送(おく)り仮名(がな)」로 표기되기도 한다.

① 일본고유系

「～かだ」

静(しず)かだ, 豊(ゆた)かだ, 確(たし)かだ

「～らかだ」

朗(ほが)らかだ, 明(あき)らかだ, 滑(なめ)らかだ, 清(きよ)らかだ, 柔(やわ)らかだ, 安(やす)らかだ-편안하다, 平(たい)らかだ - 평온무사하다

「～やかだ」

賑(にぎ)やかだ, 健(すこ)やかだ, 鮮(あざ)やかだ, 細(ほそ)やかだ, 艶(あで)やかだ, 穏(おだ)やかだ, 華(はな)やかだ - 화려하다, 円(まろ)やかだ - 둥글다 煌(きら)びやかだ - 눈부시게 아름답다(화려하다)

「～だ」

奇麗(きれい)だ, 好(す)きだ, 大好(だいす)きだ, 嫌(きら)いだ, 嫌(いや)だ, 上手(じょうず)だ, 下手(へた)だ, 大切(たいせつ)だ, 盛(さか)んだ, まっすぐだ, 大変(たいへん)だ, 真(ま)っ青(さお)だ, 丈夫(じょうぶ)だ, 派手(はで)だ, 地味(じみ)だ - 수수하다, けちだ, 身近(みぢか)だ, 不思議(ふしぎ)だ, 出鱈目(でたらめ)だ, 大丈夫(だいじょうぶ)だ, 気(き)の毒(どく)だ - 가엾다, 一生懸命(いっしょうけんめい)だ, 億劫(おっくう)だ, 得意(とくい)だ, 結構(けっこう)だ, かわいそうだ, 平(たい)らだ - 평평하다, 素直(すなお)だ, 勝手(かって)だ, のんきだ, 余計(よけい)だ, そっくりだ, 真面目(まじめ)だ, 様々(さまざま)だ

② 한자어系

「N+だ」

元気(げんき)だ, 有名(ゆうめい)だ, 健康(けんこう)だ, 親切(しんせつ)だ, 自由(じゆう)だ, 立派(りっぱ)だ, 誠実(せいじつ)だ, 便利(べんり)だ, 不便(ふべん)だ, 感心(かんしん)だ, 簡単(かんたん)だ, 広大(こうだい)だ, 多彩(たさい)だ, 大規模(だいきぼ)だ,

淡白(たんぱく)だ, 繊細(せんさい)だ, 純粋(じゅんすい)だ, 透明(とうめい)だ, 高貴(こうき)だ, 有益(ゆうえき)だ, 多様(たよう)だ, 新鮮(しんせん)だ, 無理(むり)だ, 残念(ざんねん)だ, 幸福(こうふく)だ, 適当(てきとう)だ, 愉快(ゆうかい)だ, 貧乏(びんぼう)だ, 正直(しょうじき)だ, 貴重(きちょう)だ, 必要(ひつよう)だ, 平和(へいわ)だ, 困難(こんなん)だ, 妖艶(ようえん)だ, 希薄(きはく)だ, 厳格(げんかく)だ, 豪傑(ごうけつ)だ -- 대담하다

「～的だ」

神秘的(しんぴてき)だ, 社会的(しゃかいてき)だ, 印象的(いんしょうてき)だ, 衛生的(えいせいてき)だ, 自動的(じどうてき)だ, 国際的(こくさいてき)だ, 独創的(とくそうてき)だ, 代表的(だいひょうてき)だ, 本格的(ほんかくてき)だ, 世界的(せかいてき)だ

③ 1字한자어系

急(きゅう)だ, 変(へん)だ, 楽(らく)だ, 妙(みょう)だ, 希(まれ)だ

④ 외래어系

スマートだ, テリケートだ, ハンサムだ

〈별지 5〉 일본어의 경어(敬語)

(* 약어 ⇒ N : 명사, V : 동사, 助v : 조동사, V用 : 동사의 連用形(ます形)을 말함.)

	경어 / 형식	尊敬語	謙譲語	丁寧語 (공손어)	* 美化語
1	型	お+V用+になる: お見えになる (くる) おいでになる (=いく,でる,いる,くる) `おいで` ご+漢語N+になる :ご覧(らん)になる ～てくださる (14과) = お～くださる お+V用+ですか :お帰(かえ)りですか お+V用+なさる : およみなさる お+V用+なさい : およみなさい	お+V用+する : お願いする お+V用+いたす : お願いいたす ご+漢語N+いたす : ご案内いたす お+V用+申し上げる : お見送(みおく)り申し上げる ご-------- V+(さ)せてもらう V+(さ)せていただく (30과2)	(です) → であります → でございます, あります, ございます	
2	단어	N : あなた V : くださる (くれる) - 14과 いらっしゃる (いく、いる、くる) おっしゃる (いう) なさる (する) (たべる) → あがる → めしあがる 助V : (ら)れる : 買われる	私(わたくし) (やる)→上げる→差(さ)し上げる 参(まい)る (いく、くる) いただく (たべる, もらう) 言う → 申(もう)す → 申し上げる いたす(する) 拝見(はいけん)する(見る) うかがう(たずねる, 聞く) 存(ぞん)じる(知る, 思う)	おる です, ます, ませ :いらっしゃいませ	
3	접두어·접미어	* お+和語N ご+漢語N 1. おいくつ, お名前 ご案内, ご両親, ご意見, ご住所, ご返事, ご出産 2. 様(さん, さま) : おくさん, おうさま 先生さん(×) 方(がた) : あなたがた 殿(どの) : 人事課長殿 氏(し) : 田中氏	お知(し)らせ ご案内	お部屋 おかばん	お酒 お米 お茶 おさら おぼん ご飯 お天気

〈별지 6〉 수수(授受)동사(GIVE and TAKE)

[가형]

A=B　　A<B
A→B　　A→B
やる　　あげる　　さしあげる(겸양어)
(주다)　　(드리다)　(드리다)

⇒ AはBにおかねをやる。
AはBにおかねをあげる。
AはBにおかねをさしあげる。

[나형]

A=B　　A<B
A←B　　A←B
くれる　　くださる(존경어)
(주다)　　(주시다)

⇒ BはAにおかねをくれる。
BはAにおかねをくださる。

[다형] -- 일본어의 특징

A=B　　A<B
A←B　　A←B
もらう　　いただく(겸양어)
(받다)　　(받다)

⇒ Aは(Bに)おかねをもらう。

(= BはAにおかねをくれる。)

Aは(Bに)おかねをいただく。

(= BはAにおかねをくださる。)

* [나형]과 [다형]은 의미는 같다. 행위의 주체자(Bに)는 자주 생략되고 있는 것에 주의하자. 그러나 일본인들은 [다형]의 표현을 많이 사용한다. 그럴 경우 항상 [나형]으로 고쳐 생각하면 이해하기 쉽다.

* 또한「～てやる」「～てあげる」「～てさしあげる」「～てくれる」「～てくださる」「～てもらう」「～ていただく」와 같이 보조동사로 사용될 때가 많으며, 위와 같은 동일한 형식으로 사용하면 된다.

⇒ AはBに日本語を教えてやる。

AはBに日本語を教えてあげる。

AはBに日本語を教えてさしあげる。

⇒ BはAに日本語を教えてくれる。

BはAに日本語を教えてくださる。

⇒ Aは(Bに)日本語を教えてもらう。

(= BはAに日本語を教えてくれる。)

Aは(Bに)日本語を教えていただく。

(= BはAに日本語を教えてくださる。)